「大人世代」が身につけたい、

その気遣い、むしろ無礼になってます!

ワンランク上の本物の気配り

元CA（ANA）・人材教育講師
三上ナナエ

すばる舎

はじめに

このたびは拙著をお手に取ってくださり誠にありがとうございます。

私はOA機器販売会社で営業支援、航空会社で客室乗務員を経験し、そして今は接客接遇やビジネスコミュニケーションを中心に講師業、またいくつかの企業で人材育成のコンサルティングをしております。

その中で「気遣いコミュニケーション」をテーマにした研修や講演をすることも多くあり、冒頭で「みなさんが『気遣い』をするうえで難しいな、と思うことはどんなことですか?」というお題で受講者の方にお話ししてもらうことがあります。

すると、

「この気遣いがお節介でないか、正解なのか考えすぎてしまう」
「相手によって気遣いがうまくいかないときもあり、躊躇してしまう」

「気遣うことに疲れてしまう」

こんなお声がよくあがります。


気遣いは仕事でもプライベートでも、相手と良い人間関係を築くためには大事、それは頭ではわかっているけれど、良いあんばいがわからない。そんな戸惑いが伝わります。

私自身も過去、気遣いすることがうまくいかず、空回りし、疲れ切ることが多くありました。どうしてそのようなことになってしまうのでしょう。


相手に嫌われたくない。

ちゃんとした人だと見られたい。

私のことを良く思ってほしい。


おそらく、こんな気持ちが無意識にあったのだと思います。こういった思いは誰しも多少あるでしょうし、社会生活では必要なことでもあります。

ただ、期待した反応が相手から得られないと、自信をなくし落ち込んだり、気にしすぎてしまったりするなど、ストレスになることは避けたいものです。

また、自分の評価が気になって気遣いを行うと、自分に矢印が向いているので相手のことが見えなくなります。それが過剰な気遣いになる原因でもあります。

気遣いが過剰になるとどうなるのでしょう。逆の立場を想像するとわかるのですが、相手は負担を感じ、居心地が悪くなります。

また、気遣いをすることが目的となると、相手の立場になるのが置き去りになり、かえって不快にさせてしまうなんてことに。せっかくの気遣いも本末転倒ですね。

気遣いは相手のみならず、自分も無理がなく負担を感じないことが大切です。でもそれが難しいんだよね、どうやってそれをするの?と思うのではないでしょうか。

この本が気になった方はきっと、もっとうまく気遣いができるようになりたいと思っていらっしゃる方だと思います。空気を読み、周りの方をよく見ているのではないでしょうか。そして、「あの気遣いはよかったのかな?」と人知れず悩んだりすることもあるかもしれません。

そんな方に、この本が少しでも気遣いをすることに対して力まず、今度はこうしてみようかな、とヒントになったら幸いです。そして、それは自然と周りの方との良い関係づくりにもつながっていくはずです。

本書では私自身が悩み失敗し、試行錯誤して見つけたこと、そして気遣いのうまい人を観察してわかった、やりすぎない、ちょうど良い気遣いのコツを集めてみました。第1章では、自分ではなく、相手にベクトルが向くようになる考え方や気遣いがうまくいく心がまえなど。

第2章からは、過剰になったり、良かれとやったことが不快にさせたりする可能性があることを、実はどうなの？と問いかけ形式でお伝えしています。第6章では、これぞ真の気遣いだ！と私が感激した、達人たちのエピソードをご紹介。

ぜひぜひ肩の力を抜いて、楽しみながらお読みくださると嬉しいです。

その気遣い、むしろ無礼になってます！　もくじ

第1章

せっかくの気遣いが無礼になっている!?

第2章 ついやってしまう「やりすぎ」気遣い

第3章
気を利かせたつもりが「裏目に出る」気遣い

第4章

なかなか距離が縮まない「会話」の気遣い

第5章

多様性時代の「勘違い」気遣い

第6章 これこそ大人のさりげない気遣い!エピソード集

第1章

せっかくの気遣いが無礼になっている!?

CARING

「気遣いしすぎ」という気の利かなさ

プレッシャーを与える「返報性の法則」

気遣いは素敵なことです。
でも、気遣いをしすぎるのは良いことではありません。

なぜ？　気遣いするほど相手は大事にされてるって思うんじゃないの？
そう考える方もいるかもしれませんね。なぜ気遣いしすぎは良くないか、それはされた側が「自分も同じくらい気遣いをしなきゃいけない」と、負担を感じる気持ちになることがあるからです。

心理的作用に**「返報性《へんぽうせい》の法則」**というものがあります。

何かしてもらった相手には、それ相応のお返しをしたくなるという心理です。困っているときに助けてくれた人にはプレゼントを渡したくなったり、ＳＮＳでいつも「いいね」を押してくれる人には「いいね」をお返ししたくなったりしませんか？　それらは、この「返報性の法則」によるものなのです。

この法則は、ビジネスシーンでもよく用いられています。たとえば、食品売り場で試食をして説明を受けると、「何か買わないと悪いかな」と感じることがあります。この気持ちが作用し、それほどほしいと思っていない場合でも購入に至るというのは、よくあるケースです。

自己ＰＲが目的になっていないか？

この法則は、アリゾナ州立大学心理学部名誉教授ロバート・Ｂ・チャルディーニの著書『影響力の武器』（誠信書房）でも紹介されています。

返報性の法則は悪いものではありません。お互いに持ちつ持たれつで成り立つことも多いものです。たとえば、

・相手が失敗談や悩みを話してくれたら、自分も相談しやすくなる

・相手が何か譲ってくれたら、次は私が譲ろうと思う

といった経験がある方は多いのではないでしょうか。

なかには、気遣いされっぱなしで、返すことなどまったく気にしないという人もいるとは思いますが、逆に**「こんなに気遣いしてくれたのだから、私も応えないと！」とプレッシャーを感じる人もいる**のです。

また、気遣いが恩着せがましいと感じると、相手は受け取りたくない気持ちになります。**何か見返りを求められるんじゃないか、と心配になる人もいる**でしょう。

関係を温めるための気遣いが逆効果になるなんて、もったいないですね。

あなたの気遣いが相手の負担になることを避けたいなら、こんなことを意識してみましょう。

- 自己PRのための気遣いになっていないか？
- することで見返りを期待してないか？
- もし相手の立場だったら助かるのか？　嬉しいのか？

このように、相手や周りが見えなくならないよう、「この気遣いは自己中心的でないかな？」と少し離れたところから自分を見てみるといいですね。

POINT

どんなときも、大事なのは「相手にとって」有益かどうか

CARING

相手の反応を「深追い」しない

「好印象を持たれたい」「評価されたい」

気遣いをしているとき、あなたはどんな気持ちでしょう。振り返ってみてどうですか？　楽しい気持ちでしょうか？

本来、良い気遣いは、お互いの関係性を良い状態にします。関係性という意味でも、どちらか一方だけが良ければいいというものではないのです。

もし、まったく楽しくない気持ちだとすれば、気遣いをして疲れてしまう原因は何なのでしょうか？　自分がどう見られるかをとても心配していたり、相手の反応が過剰に気になったりしているかもしれません。

このことが疲れの原因になっている可能性が高いです。

「嫌われないように、迷惑をかけないようにしたい」

「好印象を持ってもらいたい」……

そう思うのは、社会の中で生きていくための本能のようなものであり、相手の反応を気にするのも大事なことではあります。こういった意識によって、相手の気持ちを推し量ることができ、気遣いをちょうどよく調整することができるからです。

ただ、方向性が間違っていたり、過剰に気にしすぎたりしてしまうと、うまくいかなくなってしまいます。


ある宴会の席で、お酒を注《つ》ぐことばかりに夢中になっていました。そんなとき、その場を仕切ってくれている人に、「三上さん、ずっと注いでばっかりだよ」と言われてしまったのです。

そう言われたおかげで、私もハッとし、交流するための場なんだから、いろんな人と話をしようと切り替えることができました。お酒を注ぐことが悪いのではなく、過剰になって、本来の場の目的を置き去りにしてしまったのが良くなかったのです。

気遣いしたことへの結果は期待しない

このように、相手のことを思って気遣いしたつもりでも、うまくいかないことは誰にでもあります。人それぞれに違った価値観がありますし、**ニーズや相性はその時々によって変化する**からです。

ただ、もし相手の反応が悪かったとしても、自分のことをダメな人間だと思わないでください。

気遣いをする目的が、自分を評価してもらうことになってしまっているのなら、考え方を変えてみましょう。相手の評価で自分の価値を決めるようなことをすれば、まるで心がジェットコースターに乗っているかのようにアップダウンし、疲れ果ててしまいます。

他人からの評価を恐れすぎる必要はありません。

「うまくいかないときもある、そんなこともあるか」と思うことも大事です。失敗したときは、「今度こういう場面になったら、こうしてみようかな?」と、次に活かすために調節すればいいだけなのです。

- すべての人に良い評価をされることは不可能
- 気遣いしたことへの結果は期待しない。けれど、相手を思って行動することは、相手を知るためには必要

このような心がまえがあると、力が入りすぎず、相手の反応で自分を評価してしまうことも防げます。自分を疲れさせてしまわないように、ぜひ気をつけてみてくださいね。

POINT

「自分が疲れない」ことを気遣いの基準に

CARING

気遣いと「よけいなお節介」の境界線

「お互い様なんだから、そちらも気遣ってほしい」

いつも意識して「気遣いをしなければ」と考えている人が、相手にも気遣いしてほしいと無意識に思うのは、自然なことです。

たとえば会話をする際、気まずくならないように気遣って話題を振ったにもかかわらず、相手からはひと言しか返って来ず、さらに頑張っていろんな話をしたり質問したりしたけれど、いっこうに盛り上がらなかったとしたら、どう考えますか？

一度だけなら、「今日はたまたま機嫌が悪いのかな？」と思うかもしれません。

でも、毎回そんな調子だったら、「口下手なのかもしれないけど、お互い様なんだから少しは気を遣ってほしいな」なんて気持ちも芽生えそうです。

私がこのような、「相手にも気遣いを求める」ことについて考えていたあるとき、考え方を変えるきっかけになった出来事があります。それは、よく講演会で講師をするAさんと話したときのこと。

「講演中、こちらの話をまったく聞いていないような態度の方っていますよね。そんなとき、心が折れそうになりませんか？」

と聞くと、

「まあ、その人にもいろいろ事情があるんでしょうし、**気が向いたら聞いてねって感じ**かなー。だから気にならないというか、気にしないようにしてる」

と、Aさんから返ってきました。

「その人もいろいろ事情がある」

その言葉がグッと響きました。

自分が疲れるほど頑張るのは、やりすぎ

私はそれまで、「私がこれだけやっているのだから、あなたも同じくらい熱心にやってほしい。なぜやらないの？」と思ってしまうことが多くありました。無意識のうちに、相手側のコミュニケーションの仕方・考え方など、相手の領域に踏み込んで考えてしまっていたのです。

でも、自分のやり方に相手が応えないのは、相手の権利でもあるんですよね。だから、自分と同じように気遣うことを強制したりできません。

ということは、こちらも「絶対にすべての人・状況に気遣いしなきゃいけない！」と自分自身に強制しなくていいし、気遣いしないことで罪悪感を持つ必要もないと思います。

- 気遣いをしたい、した方がいいなと思えば、する
- 気遣いをしても、相手からの反応は強制しない、介入しない

こう考えるだけで、相手から気遣いがなくても、ストレスを感じないようにもなっていきます。

「自分が○○しているのに、相手が思うような反応をしてくれない！」と腹が立ったり、「私はこんなに気を遣っている！」と語りたくなったりしたら、一度立ちどまって考えてみてください。

あなたの考えは、相手の領域に踏み込むお節介になっているかもしれません。

POINT

思うような反応がなくても「いろいろ事情があるんだろう」

CARING

「自分の心に無理をして」気遣いする関係は続かない

「頼めば何でもしてくれる人」と思われるデメリット

こんな意見を聞いたことがあります。

「気遣いする人って、相手が要求してきたら、何でもしてあげるイメージがあります。それって気遣いできる人が損するってことじゃないですか？」

たしかに、自分の負担が大きいのに無理して要求に応え、そしてそれは自分を消耗させるだけなのであれば、損と言えるでしょう。そういった行動は、自分にとってはもちろん、相手にとっても良い方向にいきません。

たとえば、職場でのケース。自分の仕事がたくさんあるのに、他の人から頼まれたことを断れず、無理して引き受けてしまったとします。

そうすると、頼んだ側は「引き受けてくれたんだから、大丈夫なんだな」くらいにしか思いませんが、自分の方は大変です。やることが多すぎて疲弊し、本来の自分の仕事もうまくいかなくなるかもしれません。

しかし、相手はそんなことなどつゆ知らず。頼まれた側の心労・負担には配慮がない場合も多いです。それどころか、「頼めば何でもやってくれる人」「文句を言わない便利な人」と扱われてしまう可能性もあります。

このようなことが続けば、無理を押しつける相手に対して、嫌悪を抱いてしまうこともあるでしょう。

ですから、余裕がないときに何か頼まれそうになったら、理由を伝えて断ったり、代替案（この部分だったらできる、これが終わったらできるなど）を示したりすることが大事です。

そうすると、相手も「この人には状況を考慮して頼まないといけないな」と、多少気遣ってくれるようになります。

相手に嫌悪感を抱いてしまうことも

私自身も、無理な気遣いをしないことが、関係性を保つうえで大事だと実感した経験があります。

それは、ある取引先から、仕事とは別の協力依頼があったときのこと。

即答できる内容ではありませんでしたが、その取引先にはとてもお世話になっていたので、「やった方がいいかな……」と考えていました。すると、私の気持ちを察してか、その取引先の方がこんなふうに言ってくれたのです。

「三上さん、気は遣わないでくださいね。三上さんがやりたいと思ったら、やっていただいた方がいいし、そうでないなら遠慮なく言っていただけたらと思います。長いお付き合いをするうえで、無理がないことが大事なので」

その言葉のおかげで、私は自分自身に「無理していないか？」と問いかけることができ、その結果、**「自分がそれをすることに納得するか」**という観点で選択することができました。

こういうときに無理をすると、「この人とは少し気をつけて付き合わないと……」というように、マイナスな気持ちが芽生えやすくなってしまいます。

そうなれば、たとえ相手に悪気がなく、こちらのことを「文句を言わない便利な人」などと思っていなかったとしても、良い関係からは遠ざかる一方。そんなことは避けたいですよね。

「あなたの期待に応えるためにこの世に在るのではない」

無理をしないようにすることで、お互いに気持ちの良い関係ができ、相手との縁も続きやすくなっていきます。相手とどんな関係性を育みたいのか、そんな先々のことも考えて、より良い関係を築くための行動をしていきましょう。

無理をしそうになったらぜひ思い出してほしい、「ゲシュタルトの祈り」という詩をご紹介します。ゲシュタルトとは心理学の一学派です。ドイツの精神科医、フレデリック・パールズが心理学を学ぶ方々に語ったとされるものです。

私は私のために生き、あなたはあなたのために生きる。
私はあなたの期待に応えるためにこの世に在るのではない。
そしてあなたも、私の期待に応えるためにこの世に在るのではない。
もしも縁があって、私たちの心が触れ合うならばそれは素晴らしいこと。
もし触れ合えないとしてもそれはそれで素晴らしいことだ。

人の目が気になって疲れたとき、この詩を知り、読んでみると心が軽くなったように感じました。

思考の習慣はすぐには変わらないものですが、もし相手の評価を気にしすぎて疲れたときは、ぜひこの詩を読んでみるのをおすすめします。

POINT

「良い顔」を続けても、その先に実りはない

CARING

「あえて引く」のも大人の気遣い

「何でも先回り」は踏み込みすぎ

相手との信頼関係を築くうえで、「一見良さそうだけれど、実はその人のためにならない気遣い」があります。

ある人から、こんな話を聞きました。

「会社の先輩が気を遣って、何でも先回りしてやってくれる人だった。子ども扱いされているみたいで、私を信用してくれてないの？と思った」

相手ができることを先回りしてやりすぎると、相手の成長を奪ってしまうこともあります。**植物にお水をやりすぎて、腐ってしまうのと同じです。**適切な量を間違えて、逆効果になるともったいないですね。

知人からは、こんな話も聞きました。
「義理のお姉さんが実家に来たとき、脱ぎ散らかしている私の分まで、全部きれいに靴を揃えてくれた。なんだかとても恥ずかしかった」

このように、良かれと思ってやったことでも、自分の領域に踏み込まれると、否定されたように感じる人もいます。

相手の習慣・ルーティンになっていることなどは、あえてそっとしておいたり相手の裁量に任せたりすることも大事です。

たとえば、お家に招かれて食事をご馳

走になったときに、「せめてものお礼として、自分たちが使ったお皿を洗った方がいいかな？」と迷うことはありますよね。

やってくれると助かる！という人もいますが、ゲストにはゆっくりしていてほしいと思う人もいます。

洗い方にこだわりがあったり、高価な食器であまり触れられたくなかったりという理由で、無理に洗おうとすると迷惑になってしまう場合もあります。キッチンを見られたくない、ということもあるでしょう。

手伝いを断られたら、素直に引き下がる

ですから、まずは勝手にやらず、「食器の片づけをしてもいいですか？」と確認するのがスマートです。

相手から、

「ゆっくりして！」

「あー！　やらなくていいよ！」

と言われたら、「美味しくて感激したので、せめて片づけをさせてください」と、

もう一度言ってみたうえで、

「本当に、ゆっくりしてほしいから！」

と相手に言われたら、素直にその言葉を受け取ることも大切です。

相手の表情や声のトーンに本音が出ますので、どんなふうに言葉を発したか観察しましょう。

基本的な考え方としては、

●相手ができることは勝手にしない

●気遣いに迷ったら、相手の気持ち・ニーズを確認する

このような観点で考えることで、踏み込みすぎたり不快にさせたりすることは防げます。

「やらなくていいよ」と言われたのに、やらずにはいられないとしたら、そのときは**「自分のエゴでしているかも？」と振り返る**必要があるでしょう。

絶対的な正解があるわけではないので、難しいと感じるかもしれませんが、どういう行動をすべきか、選択肢をいくつか持っておくことが大切です。
状況に合わせてベストな行動をしようと考えていれば、相手の考えを大事にできますし、踏み込みすぎることも減っていくでしょう。

POINT

植物に水をやりすぎると腐るように、気遣いも適切な量がある

CARING

一番の気遣いは「感情コントロール」

「人間の最大の罪は不機嫌である」

一番の気遣いとは何でしょうか。私は「機嫌良さそうにしていること」だと思っています。

詩人ゲーテの言葉に、「人間の最大の罪は不機嫌である」というものがあります。これを聞いて、「そんな大げさな！　もっと大きな罪があるだろう」と感じるでしょうか？

不機嫌な人は、自分がどれだけ周りに悪影響を与えているかなんて考えもしませんが、不機嫌な雰囲気が伝播《でんぱ》する力は計り知れないものです。

何年か前に、電車の中で起こった出来事です。乗客二人の間で、肘が当たった・当たらないという揉めごとから喧嘩になり、攻撃的になった一人が「痴漢だ！」と事実でないことを叫んだため、車内はパニック状態に。周りにいた乗客が、慌てて電車を非常停止させるまでの事態になりました。

その影響で、通勤時間帯の駅には怒号が飛び交い、大混乱。その様子はテレビでも放映されました。

一人の不機嫌・イライラが周りの人にどんどん広がり、大きな影響を及ぼした事例です。

社会の中で生きていくには、悪気のあるなしにかかわらず、**「人は存在しているだけでコミュニケーションをとっている」**という自覚を持つことが必要です。

私自身、昔はそのことを自覚できておらず、人に嫌な思いをさせてしまったことがあります。

学生時代、接客業のアルバイトをしていたのですが、その日はつらいことがあり、沈んだ気持ちで働いていました。すると、その様子を見た先輩がいらだった様子で、「そんな顔してたら迷惑だから、どうにかして！」と声をかけてきました。

そう言われた私は、「だってしょうがないよ。人間なんだから、そんなときもあるし……」としか考えられませんでした。反省して切り替えるどころか、さらに表情を曇らせていたと思います。

他のスタッフも不穏な空気を感じていたようで、なんだか気を遣っている様子。チーム全体がぎくしゃくした雰囲気になってしまいました。

今考えると、とても恥ずかしい思い出です……。

不機嫌さは周りに伝播する

そんな経験も踏まえて、私が接客業の指導者育成研修で講師をさせていただくときには、こんなお題を出すことがあります。

「メンバーの中に不機嫌そうな人がいることに気づいたら、あなたはどうしますか?」

ある人はこんなふうに話してくれました。

「不機嫌さは周りに悪影響を与える。『まあ、そんな日もあるさ』と放置するのは、指導者として仕事を放棄するのと一緒。その人のせいでお客様からの印象が悪くなるのはもちろん、スタッフ内でもよけいなことに気を遣う人が増えるから、早めに声をかけて本人に気づかせ、改善してもらう」
こんな回答が返ってくると、このチームはいつも雰囲気が良いのだろうな、と嬉しい気持ちになります。

今の私は、プライベートで嫌なことがあったとしても、自分をコントロールして、求められている役割に徹します。**自分の「素」の状況をそのまま垂れ流しにして当然、という傲慢な考えは改めました。**

生きていればいろいろなことがありますから、誰でも不機嫌になりそうなときはあるでしょう。ただ、そのときにどう

自分をコントロールするかが大切です。

おすすめの方法は、口の端、口角を横に引くこと。これだけで目に光が宿ります。ぜひ鏡を見て確かめてみてほしいです。心を切り替えるスイッチが入るような感覚を得られます。穏やかな空気をまとうために、実践してみましょう。

POINT

口角を横に引くことで、明るい表情をつくれる

第2章

ついやってしまう「やりすぎ」気遣い

これって無礼!?

型どおりのマナーを守りすぎ

「社会人失格」と思われたくない…

基本は大事だけれど、距離を感じさせたり
慇懃無礼になったりするときも

マナーは絶対的ルールではありません。

強制的なものではなく、相手を思いやり、不快にさせないためにあるものです。

その本質を考えず型ばかりにこだわっていると、逆に相手を居心地悪くさせたり、気持ちがこもっていないように感じさせたりすることがあります。

たとえば相手と立場がそう変わらないのに、言葉遣いが丁寧すぎて仰々しい場合、どう感じられるでしょう。距離を感じたり、馬鹿にされているように聞こえたりすることがあると思います。このように、型にこだわりすぎて逆効果になってしまうことは他にもたくさんあります。

ただ、基本を知っておくことは大事です。なぜなら、状況に合わせて型を崩したときに、言葉で補うことができるからです。**「マナーの型は知っているけれど、あえて崩している」ということが伝われば、失礼になりません。**

・「物を手渡すときは両手で行う」というマナーがあります。しかし、人数が多いときには片手で渡す方が相手を待たせません。「片手で失礼します」と断って手渡すことで、マナーの基本も状況に合わせた対応もわきまえていることが伝わります。

・来客にお茶を出す際は、「右から右手で置く」ことが基本です。ただ、ビジネスの現場でのお茶出しは、話を邪魔しないように速やかにお出しして退出することが優先されます。右から置くことにこだわって、動線が長くなりウロウロすると、気を散らせてしまいます。相手が返事をしなくて済むように、小さい声で「こちらに失礼します」とつぶやき、置ける場所に置く方が気を遣わせずスマートです。

・ビジネスメールのやりとりで、相手が気持ちを表すために、「！」などのカジュアルな表現をあえて使ってくれた場合。たとえば「ありがとうございます！」という文章に対して、こちらも「お役に立てて嬉しいです！」と空気感を合わせることで、寄り添った応対だと感じてもらえそうです。

ちょっとしたことですが、こういった行動をしていくことで、「臨機応変な対応をしてくれる人」と認知されていきます。

「その臨機応変が難しいんだよねー」と思うこともあるでしょう。

大事なのは、**「これをする目的って何だっけ？」と考える**ことです。

雰囲気を良くしたい、リラックスしてほしい、安心してほしい、信頼してほしい……。その目的を達成するためにはどう行動したらいいか、相手の立場になって考えてみると、自然と臨機応変な立ち振る舞いがわかってくるでしょう。

型を実践することが目的になると、相手がマナーの基本をできていないときに「自分はやっているのに！」とイライラしたり、指摘したくなったりします。しかし、そうなると不愉快さが相手にも伝わります。雰囲気が悪くなり、マナーとは最もかけ離れた対応になってしまうのです。

自分がマナーを実践するのは、「マナーをわかっている自分」を相手にアピールする目的でないか、マナーの押しつけになっていないか、今一度確認してみましょう。

POINT

どうしたら「相手にとって」心地良いか考える

これって無礼!?

何かと「すみません」と謝りすぎ

つい口をついて出てくるかも…

あまり謝られると、
悪いことをされたような気分になるもの

「謝るのは良いことであり、しすぎはない」

そう思う人が多いでしょうか？

明らかに自分に非があったり、迷惑をかけたり、間違えたり……そういうときに謝るのは当然のことです。でも、そうではないときでも、何かにつけて「ごめんなさい」「すみません」と言っていて、口癖のようになっているとしたらどうでしょう。


家族の介護をしていた知人が、こんな話を教えてくれました。

「何かするたびに『ごめんね』って、何度も言われるのがとてもつらかった。謝られると、何か悪いことをされているような気になってしまって、かえって気持ちが沈んでしまった。そこで、『ごめんね、じゃなくて、ありがとうって言われたら嬉しい』と伝えたら、謝るのをやめてくれてラクになった」

謝ることができるのは、他人の状況を想像したり、自分の言動を振り返ったりすることができる人です。ただ、謝りすぎると気持ちが伝わらず、逆に相手が気分を悪くすることもあります。

たとえば会社で、お茶を淹れてくれた人、会議の後に片づけてくれた人、コピーをとってくれた人……いろんなことをしてもらうたびに「申し訳ないです」「すみません」ばかり聞かされたら、「どうしてそんなに謝るの?」と思う人もいるでしょう。

謝るのが癖になっているなら、意識して「ごめんね」を「ありがとう」に変えてみましょう。**誰しも、謝られるよりお礼を言われる方が嬉しいものです。**

また、クレーム対応でもお詫びは大切と言われます。

ただ、相手が話すたびに「申し訳ございません」を連呼していると、「ただ謝ればその場をしのげると思っているんでしょ」「そんなに謝られると、私がクレーマーみたいでいたたまれなくなる」という心理にさせやすいです。嵐が過ぎるのを待つように、口先だけで反射的に言っているように聞こえるからです。

相手に「本当にそう思っている?」と思わせずにお詫びをするには、**何に対してのお詫びなのかを具体的な言葉にする**こと。

「納品が遅れご迷惑をおかけし、申し訳ございません」

「今回○○になり、がっかりさせてしまい申し訳ございません」

このように焦点を絞って伝えることで、やみくもに言っているような印象にならないでしょう。

身近な人に対しても、主語がなく「ごめんなさい」ばかりだと、自分を守ることが目的のように聞こえます。「もういじめないで」と、それ以上のやりとりを拒んでいるようにも感じさせるのです。

謝ることで、かえって相手にストレスを与えてしまわないように、使い方を振り返ってみてくださいね。

POINT

「ありがとうございます」の言葉に変えてみる

これって無礼！？

「悪いな〜」と恐縮してお礼を言いすぎ

「してもらう」ことの居心地が悪くて…

「何か思惑があるのかな？」と
勘ぐられることも

前項の「謝る」こととは反対に、「『ありがとう』と言われすぎて不快」という話は、あまり聞いたことがないですよね。

子どもの頃は学校でも、人に何かしてもらったら必ず「ありがとう」と言うように教えられてきたように思います。

しかし、世界中の人とコミュニケーションをとる仕事をしている知人から、「『ありがとう』も言い方によっては誤解を与える」という話を聞きました。

その人いわく、「ありがとう」にも文化の違いがあるとのこと。

国によっては「ありがとう」を何度も言うと、「本当にそう思ってる?」と疑われたり、からかっているように思われたり、さらには「何か思惑があるのかな?」と勘ぐられたりすることもあるそうです。

何度も繰り返し言わず、必要なときに1回だけ伝える方が、感謝の気持ちが届きやすくなるという考え方なのでしょうか。

口癖のように、何でもかんでも反射的に「ありがとう」と連呼していると、心からの感謝ではなく軽い気持ちだと思われる可能性もあります。それはもったいないこと。

感謝の気持ちをより届きやすくする、ちょっとした工夫をご紹介します。

まずは、相手に顔を向け、目を合わせて言うこと。これだけでも伝わり方が違います。コツは、**視線だけでなく顔全体・鼻を相手に向ける**こと。横目で見ると、ついでに言ったように感じられることがあります。

さらに、自分の感情や思いを言葉にすると、より気持ちが届きやすくなります。感情が乗ることで、表情や声の抑揚も変化して一本調子でなくなり、自然と思いが伝わりやすくなるのです。例として、次のようなものです。


「○○をやってくれたんだね」

「本当に感謝してるよ」

「わあ、嬉しい！」

「手伝ってくれて助かった！」

「気づいてくれたんだ！」

「あーいてくれてよかった！」

「すごい！　感激！」

「○○さんのおかげで●●がうまくいったよ」

具体的に、何に対しての「ありがとう」なのか、それをしてもらって、どう思ったのか。それを伝えることで、お互い気持ちの良い雰囲気になりますね。

言葉に出すのが苦手な方や、わざとらしくなるのが心配なときは、文字で伝えてもいいでしょう。会社の同僚なら、メモ書きにしてデスクに置いておくのもいいですね。もらった方は、とっておいて読み返すことができますし、形にも残る、とても嬉しいプレゼントになるでしょう。

「ありがとう」は、人とコミュニケーションをとっていくうえで、とても大切な言葉。感謝の気持ちがしっかり届くように、ひとつひとつの「ありがとう」を丁寧に伝えてみてくださいね。

POINT

ひと言、しっかりお礼を言う方が気持ちも伝わる

これって無礼!?

特別な理由もなく物をあげすぎ

喜んでもらえると思ったのだけど…

「何のため？」と戸惑わせ、
せっかくのプレゼントが困らせるだけのものに

昔の話ですが、こんなことがありました。

友人と食事をする際、待ち合わせまでに時間があったので、フラフラとデパートの地下へ行った私。そこでなんとなくマカロンを買って、待ち合わせに来た友人に渡しました。

すると友人は、「えっ！　くれるの？　びっくりした！」という反応。喜んでいるのではなく、明らかに戸惑っていたのです。何の意味かよくわからないプレゼントに、「なんで⁉」と考えさせてしまったようでした。

友人の立場に立ってよく考えてみれば、

「私は何も持って来なかったけど、何か意味があるのかな？　次に会うときは何かお返しをしないといけない？」

そんなふうに思っても無理はありません。

他にも、知人からこんな話を聞いたことがあります。

「会社の上司が、人気のミュージカルのチケットをペアでくれた。私にわざわざ買ってくれたみたいだけど、なんでくれたんだろう？　お金も受け取ってくれないし、どうしよう？」

「行けなくなったから譲る」と言われるならまだわかりますが、これといった意図を伝えてもらえず、困った様子でした。

プレゼントには、ある程度理由が必要です。理由もないプレゼントを渡されると、相手はどう対応したらいいかわからなくなる場合が多いのです。

理由があるプレゼントであれば、相手も納得できます。

「前に○○でお世話になったから」

「先週帰省したの。これが故郷の銘品なんだよ」

「○○おめでとう！　お祝いだよ」

「たまたま見つけて、○○が好きって言ったのを思い出して」

こんなプレゼントなら、気楽な気持ちで受け取ってもらえるでしょう。

量や金額の面でやりすぎもNG

ただ、プレゼントする理由があっても、物によっては相手を困らせてしまうことがあります。

たとえば、身につけるもの。好みやこだわりがある場合が多いので、趣味がわからない相手に贈るのは考えものです。

以前、旅行先で買ったキーホルダーを職場のみんなに配ってくれた人がいました。そのとき、配られた一人が、「私はキーホルダーをつけないタイプなので、大丈夫です」と、もらうのを断っていました。

たくさんの人に配る場合は、全員の好みに合わせることはできないので、**消耗品を選ぶのが無難**かもしれません。

最近は、ミニマリストやシンプルライフなどライフスタイルも多様になっているので、相手のことを知ったうえでプレゼントを渡したいですね。

また、消費できるからと食べ物を選んだ場合でも、「賞味期限が近いものをもらうと困る」「ひとり暮らしだから食べ切れない」「冷凍だと受け取りが大変」などのケースがあります。

どんなに美味しいものであっても、相手を苦労させる可能性があるものは避けたいですね。

何を贈るにしても、量や金額の面でやりすぎなものや、相手のことをよく考えず義務的に買ったものなどは、相手に喜んでもらえないことが多くなりそうです。

プレゼントは、気持ちが嬉しかったり、知らなかったものに出会えたりと、うま

くいけば相手にとって日々に潤いをもたらしてくれるものになります。
だからこそ、せっかくのプレゼントは相手に喜ばれるものを贈りたいですね。

POINT

「負担のない」ものを、「理由があるとき」に渡す

これって無礼!?

「大丈夫?」と心配しすぎ

気になるし、本当に心配だから…

「自分が安心したいから」という気持ちが
どこかにないですか?

身近な人が悩んでいる様子だったら、元気になってもらおうと声をかけてみる。「心配する」ということは、相手を想う優しい気持ちから生じます。とくに自分にとって大切な人には、失敗しないでほしい・嫌なことが起きないでほしいと思うもの。何かと先回りして、その気持ちを伝える人も多いと思います。

ただ、それが過度な心配だったり、伝え方が適切でなかったりすると、相手は負担に感じることもあります。

家族が病気になったとき、心配で毎日電話をかけていたことがありました。病状が急激に変化するような病気ではないにもかかわらず、です。

何日も繰り返していると、電話口からなんとなく重い空気を感じるようになっていきました。そしてついに、意を決したように「毎日心配しなくて大丈夫だから！　もう切るね」と言われてしまいました。そこでようやく、私の心配が家族をかえって苦しませてしまったことに気づきました。

逆の立場になって考えてみれば、病状があまり変わらないのに、毎日「どう？」と聞かれたら「そんなに変わらないと言ったら、がっかりさせちゃうかな」「元気なふりをした方がいいかな」などと考えてしまうでしょう。

「もう心配しなくていい」と言われて、自分の言動を振り返ってみました。

「毎日電話をかけることは、本当に相手のことを考えての行動だったかな？」

そう考えるうちに、「私自身が不安だから、安心したくて電話をしていた」部分があったと気づきました。自分の都合で、過度な心配を押しつけてしまっていたのです。


また、言葉選びにも慎重になりたいものです。

たとえば「かわいそう」という言葉。言う側は善意であっても、「かわいそう」＝「同情」＝「情けない、みじめな人」ととらえる人もいます。否定されているような、下に見られたような印象を与えてしまう恐れもあります。

「自分はそんなに弱くない」とプライドを持っている人なら、なおさらです。

もし大変な苦労話などを話してもらえたなら、**「かわいそう」ではなく「大変だったんだね」**といった言葉を選びましょう。自分の価値観からの感想ではなく、フラットに相手の気持ちに寄り添う方が、嫌な思いをさせません。

心配の気持ちを伝えることは、本来相手を支えたり、安心させたりする温かい行為です。上手に伝えれば、きっと相手も喜んでくれるはずなのです。

最後に、知人からもらった、とても嬉しかった言葉をご紹介します。

私にちょっとした悩みがあったとき、その知人が「何か話したい！と思ったら、すぐに話を聞くから連絡してね」と言ってくれました。それを聞いて、私はすごく気がラクになりました。

べったりと頼って、もたれかかるようなことはしないけれど、まるで心の中にガードレールができたかのような安心感が生まれたのです。

こちらから話すまでは、細かい事情にまで踏み込まないように気遣ってくれたことも、私のことを尊重してくれているように感じました。

POINT

「いつでも話を聞くよ」という気配り

これって無礼!?

相談されても
いないのに
アドバイスのしすぎ

「相手のためを思って」有意義な情報を伝えたつもり

ただ相手を不安にさせるだけの
「よけいなお世話」になりがち

人からのアドバイスを通じて学ぶことはたくさんあります。

私自身、そのことをよく実感しています。その場では、「本当にそうかな?」と素直に受け取れなくても、後々「ああ、その通りだった」なんて思うことも多いです。

ただ、自分がアドバイスをする側の場合には、少し慎重になる必要があると思っています。良かれと思ってしたアドバイスが、相手にとっては「よけいなお世話」になる可能性があるからです。

基本的には、**相談されてもいないのに、自分の考えや一般論を伝えるのは控えた方がいい**でしょう。いくら相手を思ってのことであっても、げんなりさせてしまう可能性があります。

ひとつ例をご紹介します。会社を辞めると決めた人から聞いた話です。

その人が退職するということが社内に広まると、いろんな人がアドバイスをしてくれたそうです。

「その年で転職して、人間関係を一から築くのは苦労するよ」

「その業界、これから厳しいに決まってるよ。もっと伸びる業界はたくさんある。○○業界だったら知り合いがいるから、いろいろ聞いてやってもいいぞ」

こんな言葉をかけられ、本人は「心配してアドバイスしてくれているんだろうけど、相談したわけでもないし、どう言葉を返していいか困る」と言っていました。

また、私自身もアドバイスで本当に失礼なことをしてしまった経験があります。ファッションコーディネートの勉強をしていたとき、知人のファッションに対して、聞かれてもいないのに「この靴にはこういう色の靴下がいいよ」と言ってしまったのです。

その瞬間、相手は固まってしまい、すぐに「しまった！」と後悔しました。

本人から聞かれてもいないですし、ファッションは個人が楽しむものなので、アドバイスなんて本当によけいなお世話です。

自分が何かに夢中になっていたり、熱くなっていたりするときは、とくに発言に気をつけなければいけないと感じました。

お金に関するアドバイスはとくに注意

他にも、お金に関わるアドバイスは「よけいなお世話」になりやすいことのひとつです。

たとえば、「老後の不安に備えて、投資として○○をしておいた方がいいよ」といった内容。

これからの時代に何が起こるかなんて、誰にも予想できませんし、自己責任とはいえ、もしそのアドバイス通りにして損をしてしまったなんてことになれば、関係もこじれます。相手の資産や将来のことに口を出すのも失礼です。

アドバイスをすることで、相手が不快になったり、不安に駆られたりしては意味がありません。

もし、自分がしたアドバイスに対して相手の反応が悪く、「あなたのために言ってあげたのに」とムッとした気持ちになったら、一度冷静になってみてください。そのアドバイスは、**自分が言いたいだけ・押しつけたいだけだった可能性が高い**です。

このような迷惑なアドバイスをしてしまうことを避けるために、こんなことを意識してみるといいでしょう。

・自分がアドバイスをする立場であるか考え、基本的には求められたらする
・アドバイスの目的が「自分が優位に立てるから・気持ちがいいから」になっていないか振り返る
・そのアドバイスは相手にとって本当に正しいことなのか、無責任になっていないか考える

また、相手からアドバイスを求められた場合であっても、「こうする方がいいよ」より「もし私だったらこうするかも」という言い方の方が、押しつけ感がなく相手も自然に受け取りやすいものです。

一番お節介に感じさせないアドバイスの方法としては、**自分が失敗した話をする**こと。

私がCAをしていたときも、よく自分の失敗を話してくれた先輩がいました。そんな人には親近感を覚え、相談しやすくもなりました。

「あなただから大丈夫だとは思うけど、ひとつの情報としてお知らせしておくね」と、そんな気持ちをベースに、気遣いながら、相手が受け取りやすいアドバイスを発信していきましょう。

POINT

相手に求められたとき、「私だったらこうするかも」という言い方で

これって無礼!?

「私なんて…」と謙遜しすぎ

「謙遜は美徳」ではないの!?

「そんなことないですよ」と
返さなければいけなくなる

ネット上で、何がきっかけで炎上するかわからない昨今。

SNSで発信するときなどは、自信満々でなく謙遜的な態度でいると、自分の身を守ることにつながるかもしれません。

謙虚な気持ちを大事にしようと、日々自分を戒めている方もいると思います。

ただ、あまりにへりくだって、「私って全然ダメダメで」「失敗ばかりで」「大した人ではないですから」などと言うのは考えものです。このように言われると、相手は「いえいえ、そんなことないですよ」と返さなくてはいけなくなります。どう反応していいか困ってしまう人もいるでしょう。

相手に失礼のないように謙遜しているつもりでも、逆に相手に気を遣わせてしまうことになるのです。

新入社員や異動など、新しい配属先で自己紹介のスピーチをするときの「ご迷惑をかけると思いますが、よろしくお願いします」という言葉。

たしかに新人はわからないことだらけですので、周りの人に迷惑をかける可能性が高いですが、それを聞いた先輩や上司はどう思うでしょう。

「新人だから失敗するのは当たり前。大目に見てくださいね」という意味合いに受け取られることもあるのです。

謙虚な姿勢を表したいのであれば、**「謙虚な気持ちで努力します」「1日も早く仕事を覚えます」「ぜひ厳しくご指導ください」**といった挨拶もできます。前向きでやる気を感じる言葉の方が、言われた側は「仲間として協力しよう」と思えそうです。

また、人から褒められたとき、どう返事していますか?

「いえいえ、そんなことないですよ」と返してしまうことはないでしょうか。

褒めるということは、「あなたのことを認めていますよ。良く思っていますよ」というメッセージ。それに対して否定の言葉で返すと、相手の思いを受け取らないということになってしまいます。ビジネスパートナーであれば、自信がないのかなと心配させてしまうこともあります。

褒められたときには、ポジティブな言葉でお返しするのがおすすめです。

「そんなふうに思ってくださって嬉しいです」

「励みになります」
「もっと頑張ろう！と思えました」

褒められたことをしっかり受け取っていながら、謙虚な姿勢も感じられますね。
周りのおかげという、感謝が伝わる表現も良いでしょう。

「良い仲間に助けてもらっています」「仲間に恵まれてラッキーです」などとお返しすれば、褒めた側も褒められた側も温かい気持ちになり、良い関係性になっていくでしょう。

相手からの言葉のプレゼントは喜んで受け取って、ぜひ「言ったかいがあった」と思ってもらえるような対応をしてみてくださいね。

POINT

褒められたときは「励みになります」などポジティブな返答を

これって無礼!?

何でも相手に合わせて意見を言わなさすぎ

自己主張して困らせたくない

「考えることを放棄している」と思われてしまう

人と意見が合わないとき、どうしていますか？

普段から気遣いを心がけている人は、自分の主張を控えて、相手の考えを優先するのが良いと考えることもあるでしょう。

しかし、「言った方がいいと思うけれど、いつも意見を言えない」というのは、気遣いとは違うかもしれません。


言えない理由は何でしょう？

私の場合、会議で意見を言うのがとても苦手でした。なぜなら、「自分の意見が的外れで、わかってない人・できない人だと思われたらどうしよう」と怖がっていたからです。

無意識ではありますが、**間違ったことを言って恥をかくくらいなら、なんとかその場をやり過ごす方がいいと考えていた**ように思います。

しかし、あるとき、会議で意見を言わなかったところ、後から先輩にこんなことを言われました。

「何でもいいから言わないと、そこにいる意味がないよ」

それを聞いて、私は素直に「本当にそうだな」と反省しました。

優れた斬新な意見でなくても、何か発言することに意味があります。

たとえば、その場で浮かんだ疑問・質問や、自分の立場から感じたことなど、小さなことであっても、発信することで何かしら貢献をすることにはなりますよね。

意見を言わない人に対して、周りはどう思っているのでしょう。

・関心がないのかな
・面倒くさいのかな
・自分の考えがないのかな
・責任を取りたくないから言わないのかな
・逆に何か文句があるのかな

そんなふうに思わせてしまう恐れもあります。仕事の一環として、意見を発することが大事です。

選択肢を提供する

「今日は何が食べたい？」という質問に対して、「任せます」「何でもいい」と言われると、質問した側は、膨大な選択肢から考えて決めなければなりません。本当に何でもよかったとしても、完全に相手に任せるのは負担になってしまいます。

「寒いから、あったかいものがいいですかね」
「実は○○が苦手なので、それ以外だったら」
「昨日○○を食べたので、それ以外なら」

これだけでも、相手は選択を間違わなくて済むとホッとします。**意見を伝えた方が気遣いになる**のです。

また、いつも決めるのをお任せしているようであれば、「いつも決めてくださりありがとうございます。今日は私が考えましょうか?」と提案するのも親切です。

何でも主張するのがいいということではありません。相手を困らせるわがままを言わないように配慮することは、もちろん必要です。

ただ、あまりに自分の意見を言わなさすぎると、考えることを放棄しているとも捉えられ、相手に良く思われなくなってしまいます。

主張するのが苦手な人は、日常のちょっとしたことでも、意見を言うことから逃げない練習をしてみましょう。
100%相手に委ねるのではなく、たとえ少しでも「一緒に考えよう」というスタンスを示していくと、気遣いの気持ちが相手に伝わるでしょう。

POINT

「お任せします」ではなく
「一緒に考えましょう」のスタンスで

これって無礼!?

相手に気遣いをさせないようにしすぎ

気を遣わせるのは、とにかく悪いから…

喜んで受け取ることで
喜んでもらえることも多い

学生時代、友人がファンであるミュージシャンのライブに、付き合いで一緒に行ったときのことです。

ライブ前に「ちょっと小腹がすいたよね」ということになり、おにぎり屋さんへ。そこで友人が「一緒に来てくれたお礼に、私がナナエの分も一緒に買うよ」と言ってくれたのですが、私は「いいよ、いいよ！　自分で買うよ」と遠慮しました。

友人は「いいから！　そうしたいの！」とまで言ってくれたのに、私は「本当に大丈夫だから」と買ってもらうことを断固、断ったのです。

その言葉を聞き友人は、「なんで受け取ってくれないの？　遠慮しすぎだよ」と少し怒った口調になりました。


私はせっかくの友人の気遣いを拒んで、不愉快にまでさせてしまいました。

もし友人の気遣いが過剰であるならば、その気持ちに対しては感謝を言い、「今度私も○○のときにお願いしようと思うから」など、何かしらの理由を伝えて断ることも対応のひとつかもしれません。

ですがこの場合は、ありがたく受け取る方がよかったように思います。友人はお礼の気持ちをおにぎりに託して受け取ってもらいたかったのでしょう。

その当時を振り返ると、**「私は人に何かしてもらうことが申し訳ないと思う性分だったんだな」**と感じます。

同様に、相手からの気遣いに対して遠慮しすぎてしまう傾向がある人は、どう行動すればいいのでしょう。

気遣いをする側は、基本的に「相手が喜んでくれたら嬉しいな」という思いがあります。

もし私が友人の立場だったとしたら、「喜んで受け取ってほしい」と思ったはずです。

ですから、何かしてもらうことを拒んでしまいそうになったら、「自分が逆の立場（する側の立場）だったら、相手にどんな反応をしてほしいかな？」と想像してみてください。そうすれば、相手の好意を受け取りやすくなるでしょう。

何かしてもらうことを当然のように考えるのも良くないですが、喜んで受け取ることで、相手も満たされることがあるのです。

電車の中で席を譲ったら断らないで座ってほしいと思ったり、仕事で助けてもらったからランチをご馳走させてほしいと思ったり……こういったことは多くの人が経験しているでしょう。

相手の気遣い、好意を喜んで受け取ることも、大切な気遣いなのです。

POINT

「自分がする側だったら、どんな反応をしてほしい？」と考えてみる

これって無礼!?

気遣いされたら、すぐお返ししようとしすぎ

「お返し」は大人の世界の不文律では？

「負担だった？」「迷惑だった？」と
思わせてしまう

相手の気遣いに気づいたら、その気遣いに対してお礼を伝える。それは、相手と良い関係を築くうえで大切なことです。

「お礼を伝える」と言っても、言葉で伝える、物や行動で伝えるなど、いろいろな方法があります。気遣いに対してのお礼で大事なのは、どんなことでしょう。

それは、「気遣いを気持ち良く受け取った」と伝わること。この「受け取る」という部分を意識せずに、「してもらった分、私も何かお返ししないと！」という考えで行動してしまうと、相手を戸惑わせてしまうことがあります。

たとえば、お世話になった人に何か物を贈ったとき。贈ってすぐに、先方がお返しの品をわざわざ買って渡してきたら、どんな気持ちになるでしょうか。

気にならない人もいるかもしれませんが、

「あれは負担だったのかな？　迷惑だった？　重かったのかな？」

と心配になる人も多いでしょう。

お返しをした側としては、「贈り物をもらって嬉しかったから、お礼の気持ちを伝えたい」という意図だったとしても、それがうまく伝わらず、心配させてしまうのでは、もったいないですね。

いただきっぱなしというのはもちろんよくないですが、**まずは嬉しい気持ちを言葉で表現する**といいでしょう。

今の時代はメールで伝えてもＯＫ。関係性によっては、電話や手紙にすると、より丁寧さが伝わります。そして、対面で会えたときには、もう一度言葉でお礼を伝えることも大事です。

お返しはタイミングを見て行います。「〇〇へ旅行に行ったので」「里帰りして」など理由を添えると、自然でより受け取りやすいでしょう。

基本的に、**贈ってくれた相手はお返しを期待しているわけではありません**。「喜んでほしい、自分の気持ちを受け取ってほしい」

そんな思いで贈り物をしているはずです。その気持ちに応えるためには、気持ちを言葉にすることが重要なのです。

お礼の言葉にひとひねり加える

言葉にするときは「ありがとう」だけでも悪くはないですが、具体的な内容を入れることで、より気持ちが伝わりやすくなります。

「めったに口にできないものをいただき、みな大変喜んでおります」
「早速いただき、深い味わいに感動しました」
「こんなに立派な美しい〇〇を見たことがありませんでした」
「自分では見つけられないもので、嬉しいです」
「子どもが興奮して、家族で奪い合いになりそうです」

私の気遣いを、友人が受け取ってくれたときの話をご紹介します。
普段、暑中見舞いのハガキを出す習慣はないのですが、たまたま友人の好きなキャラクターが描かれている、かわいいカードを見つけたので、暑中見舞いを出してみたことがあります。

すると、すぐに友人から、「届いたよ！」とメールで連絡をもらいました。さらに、後日直接会ったときにも、こんなふうに言ってくれました。

「暑中見舞いありがとう、イラストに癒やされたよ。私からも暑中見舞いを書いて返すのはなんか違うかなって思って、返事のハガキは返さなかったけど、すごく嬉しかったよ！」

たしかに、すぐにハガキの返事が来たとしたら、私は「いつも暑中見舞いを書いていない友人なのに、手間をかけさせちゃったかな？」と思ってしまうタイプです。

それを考えてくれたうえでの対応に、気遣いを感じたのでした。

ところで、いつも細やかな気遣いをしてくれる人に対して、「そこまで気を遣ってくれなくてもいいのにな」と感じることもあるでしょう。受け取ってばかりで落ち着かないという場合は、どうしたらいいでしょうか。

ストレートに「そんなに気遣いしなくていいですよ」と伝えてしまうと、言われた方は「どこをどうすればいいの？」と難しく考えてしまうかもしれません。

そんなときは、その状況に合わせた理由を添えて、具体的にお願いしましょう。

「この会は、○○さんがゆっくりしてもらえないと気になってしまうので」
「これは自分でやった方が○○なので」

このような伝え方をすると、相手も気遣いを否定されたような気持ちにならないはずです。

気遣いをされた側が、思いやりのある対応をすれば、した側も温かい気持ちになります。「気遣いへの気遣い」で、周りの人とより気持ちの良い関係を築いていきましょう。

POINT

まずは言葉でのお礼で十分。お返しはタイミングをみて

第3章

気を利かせたつもりが「裏目に出る」気遣い

これって無礼!?

気遣いは「見えるところ」に気合いを入れる

目の前の人に直接働きかける気遣いが最重要では？

普段の「さりげない振る舞い」も重要

「人に気遣いをする」ということを考えるとき、相手に対して何か直接働きかけることをイメージする場合が多いのではないでしょうか。

もちろん、そういった気遣いはたくさんありますが、それだけではありません。普段の言動の中でさりげなく行う、「振る舞いの気遣い」も重要です。

あなたの周りにも、こんな印象の人はいませんか？

「気を遣ってくれている感じはしないのに、なんだか印象が良くて話しやすい」

「特別なことはされていないのに、この人と接していると、なんだか爽やかな気持ちになってくる」

そんなふうに感じさせる人の振る舞いには、共通点があります。

●相手によって横柄な態度を取らない

誰しも、相手との関係性によって態度を変えることはあります。そのこと自体は自然なことです。ただ、普段丁寧な態度をとっている人が、違う場面では横柄な態度をとって、相手を尊重していないような振る舞いをしていると、見た人を不快にさせてしまいます。

誰に対しても同じようにぶっきらぼうなのであれば、「この人はそういうキャラクターで、こういうコミュニケーションの仕方をする人なんだな」と理解しますが、立場が上の人には丁寧に接し、後輩や部下、店員には雑で心の狭い対応をしていたら、どうでしょう。

そういう姿を目の当たりにすると、多くの人は「二面性があるのかな？」「損得感情が強いのかも」と感じ、「信頼できない人」という印象を持ってしまいます。

●陰口を言わない

噂話は、よく盛り上がる話題です。ただ、気軽に誰にでも陰口を言うことは良くありません。

「悪い評判を広めて人を傷つけてしまうから」ということが大前提ですが、実は自分自身が損することにもつながります。

陰口を言っていると、聞き手が「自分のことも、違うところでは悪く言っているんだろうな」と想像してしまうことがあります。そうなると、陰口を言われた対象の人より、陰口を言っている人の印象の方が強烈に刻まれます。

警戒心を持たれて、また会いたいとは思われにくくなってしまうのです。

また、その場では盛り上がったとしても、マイナスの話題は後味が悪く、爽やかな気持ちとはかけ離れます。

● みんなが使う場所・物を雑に扱わない

公共の場で、みんなが使う物を雑に扱ったり汚したりしている人を見ると、残念な気持ちになるものです。

逆に、次に使う人のことを考えた行動

に触れると、とても爽やかな気持ちになります。

〈例〉

・化粧室などで洗面台がびちゃびちゃになっていたら、さりげなく拭いている
・ドアを開けたときに、後ろの人を気にして少し待つ
・エレベーターをすぐさま閉めず、他に乗りたい人がいないか気にかける

● 何度も携帯、時計を見ない

カフェなどで、友人グループらしき人たちが、お互いスマホを触りながら話をしている姿をよく見かけます。これは年代や関係性によっても分かれることかもしれませんが、基本的な考え方としては、人と話しているときにはスマホや時計をあまり見ない方がいいでしょう。

時間をつくって会っているのに、スマホや時計を何度も見られると、「楽しくないのかな?」「早く帰りたいのかな?」「私のことを軽く見てるのかな?」と思う人も多いものです。その場に集中せず、心ここにあらずな印象を与えてしまいます。

次の約束があり、時間が気になるという場合には、先に伝えておくなどの配慮も必要です。

振る舞いの気遣いは他にもたくさんありますが、最低限ここでご紹介したことに気をつけると、失点を防げます。

頭では「言われなくても当たり前」と感じることかもしれませんが、気をつけていないと、うっかりやってしまうことがあります。ぜひ、常に頭の隅において、意識して行動してみてくださいね。

POINT

会話の最中にスマホを何度も見ていませんか?

これって無礼!?

相手の体調が悪そうなときは、とにかく声をかける

「大丈夫ですか?」と聞くのがおもいやりでは?

人に知られたくないときもある

気遣いで大切なのは、「相手がどう感じるか」であり、「自分がどう思っているか」ではありません。

たとえ気遣いの気持ちからの言動であっても、相手に居心地悪い思いをさせてしまったら、人間関係はうまくいかないものです。**時には、相手のことが気にかかる場面でも、あえて言葉や行動に表さない方がいいこともあります。**

私の仕事の取引先で、ちょっとした変化にも気づいてくださる、Bさんという方がいます。

Bさんは普段から思いやりのある言葉をたくさんかけてくれますが、「口にしない方がいい場面では、あえて言わない」という優しい気遣いも感じます。

私のコンディションがいつもと違うときは、二人きりになったタイミングで「三上さん、いつもと違って見えますが、何かありましたか？」と聞いてくれます。それに伴い、話も広がっていくので、いつも聞いてくれてありがたいなと感じています。

逆に、口に出してほしくない場面では、それを考慮した対応をしてくれるのです。

たとえば大人数での会議中、私だけが汗をかいてハンカチで拭いていたことがありました。そのとき、Bさんは「あ！　大丈夫かな？」と気づいてくれたような表情でしたが、あえてその場は触れないでいてくれました。

私以外の大勢は暑くなさそうなのに、私だけを指して「暑いですか？」と言われたら、注目を集めてしまいますし、そこからは汗を拭きづらくなります。少しすれば汗はひくので、何も言わないでいてくれて、さすがだなと感じました。

相手が注目され、恥ずかしいと思わないように配慮することも、大切な気遣いです。とくに会食中などは、こういった気遣いがよく必要になります。

知人の話です。

「食が細くて、たくさん食べられなかったり、残したりすることもあって、そんなときは罪悪感がある。そのうえ、それに対して『あれ？　ダイエット？』『食欲ないの？』『これ苦手なの？』『全然食べないんだね』と言われると、みんなの注目が集まって、さらに居心地が悪くなっちゃう。心配してくれてるんだろうけど、あまり突っ込まないでほしい」

逆にたくさん食べる人の場合でも、同じことが言えます。**食べる量や食べ方につい**

て触れるのには、注意が必要です。

また、妊娠している人から聞いたのですが、安定期に入るまでは妊娠のことを黙っておきたかったのに、お酒を控えているのを知った同僚が、「もしかして妊娠⁉」と聞いてきて困惑した、とのこと。

思ったことを口に出す前に、「それを言うことで、相手にとってプラスになるのか？」と一度考えたいものです。

「視線を向けない」配慮も大切

言葉だけでなく、視線にも配慮が必要です。

見られたくないところを見られると、相手は嫌な気分になったり、失礼だなと感じたりします。具体的には、下記の部分やシーンを、あまり見ないように気をつけておくといいでしょう。

・頭髪

・お腹周り
・胸元、脚
・相手が持っている手土産のようなもの
・相手が食べているもの
・叱られている場面
・間違って大きな音を出してしまった人
・会計で領収書をもらっている場面（その場を離れましょう）

この辺りは、無意識だとついつい見てしまいがちです。自らに、「相手は自分の視線を感じてしまうよ」と言い聞かせましょう。

友人から聞いた話ですが、7キロ太ったとき、久しぶりに会う人が目を見開いて驚いた顔になってしまうので、自分で「太ったでしょ」と言わないといけなくて、つらかったそうです。

久しぶりに会う人は変化しているかもしれないということを、頭に入れておくのも大事かもしれませんね。一瞬でも驚いた表情をすると、相手に伝わってしまいます。

初めから心の準備をしておくと、相手を傷つけるのを防げそうです。

気遣いと言うと、何かを「する」ことに意識が行きがちですが、「しない」こともまた大切な気遣いです。

「言われたら・見られたら相手はどう感じるか？」を考えて、その場に応じた対応ができるように心がけたいですね。

POINT

「気づかないふり」も大人の気遣い

これって無礼!?

手土産は「つまらない物ですが」と最初に渡す

へりくだるのが礼儀かと…

「お口に合うと嬉しいです」など
プラスの表現を

ビジネスで手土産を渡すことは、決まりではありません。ただ、感謝の気持ちを形にしてお届けすることで、相手は「大切に思ってくれているんだな」ということを感じます。

訪問した際、お部屋に通されて挨拶をした後、椅子にかける前に渡します。

基本的には、袋は汚れよけなので、相手側に伺う際は出してお渡ししますが、来ていただいた人に渡すとき、また会食の場などではその場から持ち運ぶので、袋に入れたままお渡しします。

その際は「袋のまま失礼いたします」とひと言添えると、マナーは心得ていて、臨機応変に対応していることも伝わります。

お渡しする際の言葉としては、以前は「つまらない物ですが」がよく使われていました。けれども、昨今はへりくだりすぎだと思わせることもあるので、避けた方がいいでしょう。その代わりに、

「ささやかですが、お礼の気持ちです」

「お口に合うと嬉しいです」

「○○で人気のお菓子です」

などプラスの表現を言葉にしましょう。

また、私が手土産を渡したときに、

「これは個人でいただいてもいいのでしょうか」

と尋ねられたことがありました。

「部署のみな様でどうぞ」

「○○さんのご家族とどうぞ」

など、誰宛かわかりやすくすることも大事ですね。


購入するものも、相手を想像するセンスが問われるところです。

相手の会社や自宅の近くにあるお店、相手の地域の名産物はNG。時間がなく、

とりあえずバタバタと買ったような印象を与えます。
オフィスへの手土産は、個別包装で切り分けなど必要のないもの。あらかじめ部署にどのくらいの人数の方がいるのか調べ、個数は多めに。賞味期限も、在宅ワークの人も増えているので、3週間ほどあると安心です。

渡すタイミングにも気遣いをします。こちらからのお願いごとがあるときは、帰り際に渡しましょう。**先に手土産を渡してしまうと、心理的に断りづらくさせてしまいます。**

私もお願いごとをされたとき、帰る際にお土産をいただいたことがあります。圧力をかけないように、という心遣いをその方から感じました。
会食の際も、先に渡すと邪魔になりますので、帰り際です。

POINT

お願いごとのときは、圧力をかけないように最後に

これって無礼!?

謝罪を受けたら「今後は気をつけてください」とひと言で済ます

長々と文句を言わず前向きな発言をしたつもり…

謝罪するには勇気がいることを、
まず慮る

謝罪は、自分が間違っていたことを認めること。認めることは勇気がいることでもあります。恥ずかしい、自分が何か責任をとることになるかもなど、恐怖心もあるかもしれません。

謝罪を受けたときは、そんな気持ちを想像することが大切です。謝罪された側も、その思いに応えるための気遣いが必要になります。

学生時代のアルバイト先での、店長の対応です。

私に非があり、あることで迷惑をかけ、お詫びをしました。その際、店長は「もう終わったことですよ。笑顔で今日を終われるように、この後も一緒に頑張りましょう！」と伝えてくれました。

私は店長にそんなふうに言ってもらえると思っていませんでした。

「やる前に確認してくれればよかったのに」

「これからは気をつけてね」

そんなふうなことを言われるのが普通かと思っていたからです。

店長の声がけで「よし、期待に応えるためにも頑張ろう！」と思え、それから何十年と経っても記憶に残るほど、印象深い出来事でした。

昨今は、メールのやり取りでお詫びをされたりすることも多いと思います。その際に大事なのは、**お詫びしてくれた内容のメールには必ず返事をする**ことです。

取引先に間違った対応をしてしまい、お詫びをした際、「とんでもないです！　こちらもよくチェックしておらず失礼いたしました」と、丁寧な返信メールをもらってしまいました。

もしもお詫びに対して、何も返信メールがこなかったら、

もう関わりたくないと思わせてしまったのではないか？

何か問題になっているのではないか？

あきれているのではないか？

そんな不安が押し寄せていたと思います。

プライベートなど相手との距離が近いときも、より気をつけたいものです。

相手が謝ってくれたのに、自分の感情が乱れたまま何か返答してしまうと、自分の正当性をわかってもらいたくて、よけいなことを言ってしまう可能性があります。反射的に反応せず、自分の怒りを落ち着かせてから返答することも必要でしょう。

渦中にいると冷静になれなかったりしますが、**相手は怒らせようと思ってわざとやったわけではない、私だって間違うことがある。**

私もいろんな人に許されて今がある。「謝ってくれてありがとうね」こんな思いを持つことが大事です。

POINT

「謝ってくれてありがとう」という思いを持つ

これって無礼!?

同僚がミスをして落ち込んでいたら、そっとしておく

「なんでミスしたの？」と責めてもかわいそうだし…

こんなときこそ、
元気づける声がけが必要

私は組織にいた頃、ミスをすると落ち込むタイプで、引きずりがちでした。仕事のプロとしては切り替えは自分で行うべきですが、これまでの私の上司はそんな性格を見抜き、追い込むような叱責はしませんでした。

ますます落ち込ませてしまえば、さらに挙動不審にさせてしまうと思ったのかもしれませんが、きっと部下であっても仲間として配慮をしなければならない、大事にしようと考えてくれていたのだと思います。私にはそう伝わりました。

「三上さん、大丈夫ですよ。私はこれをやりますから、三上さんはまずこれをしましょう」と指示を出してくれ、パニックになりそうな気持ちを切り替え、リカバリーの行動に移ることができました。

そして、ミスの再発防止に向けてどんなことが事前にできるか、何かシステムを改善すればいいのか、一緒に考えてくれる上司もいました。そんな余裕のある対応にますます信頼、尊敬が増し、これから挽回して期待に応えよう、とそんな気持ちにもなります。

良い関係性を築くうえで、もし自分が相手のミスに気づいたら、まず心がまえで大事なことは、お互い様だ、自分もいつミスをするかもしれない、と思うことかもしれません。

間違いだけを即座に指摘したり、責める態度だけが伝わったりしてしまうと、相手としては今後、積極的に関わりたいという気持ちがなくなる恐れがあります。

そのうえで、最初のひと言は大変重要です。**思い違い、行き違いで起きてしまったことかもしれないと考えて、ファーストアクションをとります。**

たとえば、「事情がわかりにくくて申し訳ない」「事前に言っておけばよかったんだけど」などの声がけは、相手にミスを受けとめる気持ちを持ってもらううえでも大事なことです。

次に、ミスをしてしまった人の状況を想像することも大事です。いろんなことが重なって一人で頑張っていたのに、ミスをしてしまって責められたら、張り詰めていたものがプツンと切れて、やる気を喪失する人もいるでしょう。

「○○な状況で△△もしてくれてありがとう」

「一人ですべて引き受けてくれてたんだよね」

そんな察する言葉があったら、この人は味方だと感じ、心もさらに開きやすくなるでしょう。

ミスをした自分は悪いけれど、それに対しての言い方が無礼だ、人として敬意を払ってもらっていないと感じる人に対して、無意識的に人は手を抜く方向に進んでしまうと、心理学の本で読んだことがあります。

無礼な態度は回り回って、自分が代償を払うことにもなるのです。

相手のミスに気づいたとき、未来を見据え、チームの大事な仲間として支え合うために、どんな気遣いが必要かを深呼吸して考えます。落ち着いて言葉、態度を選択できることにつながるでしょう。

POINT

ミスはお互い様。
「一人で頑張ってくれたんだね」で心を開く

これって無礼!?

お手伝いの声がけは「よろしければ」と申し出る

恐縮させない、良い言葉では?

「大丈夫です」と
遠慮されることが多い

個人宅への食品配達のお仕事をされている方から、こんな相談がありました。

「お買い物に行くのが大変なご年配の方に、食料品の配達をしています。お米などは毎月決まった日に配達することになっているのですが、お客様それぞれ、月によっては早くお米がなくなることも多いようなんです。

お客様が配達日を待って食べる量を調整しなくていいように、『よろしければ、お米が早くなくなりそうになったときはご連絡ください。配達予定日より早めにお届けしますよ』と声がけをしているんですが、『わざわざうちの都合で調整してもらうのは悪いから、いつもの配達日までなんとかするわ』と気を遣われる方が多いんです。

でも、私どもとしては、お客様のご要望に添えていないように思えて……。お客様が気を遣わず、頼みやすくなる声がけを模索しているんです」

そのお話を聞いて、私はヒントになることとして、こんな事例をご紹介しました。

ホテルのスタッフをしている方に聞いた話です。

「お客様に『よろしければお荷物をお持ちしましょうか?』と声をかけると、『いいえ大丈夫です』と遠慮される方が多いです。そこで、『**ぜひお荷物のお手伝いをさせ**

てください』と手を差し伸べながら声をかけるようにすると、お客様は『じゃあ、お願いします』と頼んでくださる確率が上がるんですよ」

この話をお伝えしたところ、

「なるほど！　では『お客様にはぜひおいしいお米を存分に召し上がっていただきたいので、いつでもお電話くださいませ！』と伝えてみます」

と、お顔を輝かせていました。

たとえば、お店で興味のある商品を見ているときも、「よろしければお試しできますよ」と声をかけられるより、「ぜひお試しくださいませ」と言われる方が、

「じゃあちょっと試してみようかな」という気になります。

語尾の使い方もポイントです。**尋ねるのではなく、言い切ってしまった方が遠慮されにくくなります。**

場所を尋ねたときに「(よかったら) ご案内しましょうか?」と聞かれると、「まあ、なんとかなりそうだし悪いからいいや」という気持ちになりやすいですが、「(ぜひ) ご案内します!」と言い切られると、「わあ、ありがたい!」といろいろ考えすぎずに済みます。

「よろしければ」「よかったら」は、相手の意思を尊重する気遣いの言葉ですが、使い方によっては相手に遠慮をさせることもあるのです。

相手に何かお手伝いの提案をするときは、「ぜひ」という言葉を「ぜひ」試してみてくださいね。

POINT

「ぜひやらせてください!」で、「わあ、ありがたい!」と受け入れられる

これって無礼!?

イベントやお祝い会。気遣うべきはもちろん「主役」

場を盛り上げて喜んでいただかなくては…

その場をコントロールしているのは幹事。
幹事に手伝いを申し出る

イベントやお祝いの会に参加するとき、あなたはどんなことを意識していますか？

たとえば、職場の忘年会や結婚式の二次会のときのことを想像してみてください。

もし幹事が会社の上司・近い関係の先輩・友人だった場合、何かしらお手伝いを申し出ると喜ばれるでしょう。事前の準備に関わらなくても、当日の立ち回りで役に立つこともできます。

とはいえ、「おもしろいことを言って場を盛り上げた方がいいのかな？　そういうことは苦手だし、何をすればいいんだろう」などと戸惑う方もいるかもしれません。

でも実は、無理してハイテンションになって盛り上げなくても大丈夫なのです。

イベントなどでお手伝いをする際、最初に考えるべきことは、「誰」に一番気を遣うかです。

「主役に決まってるでしょ？」と思うかもしれませんが、それは必ずしも正解ではありません。

主役や、その場にいる目上の人・取引先に気を遣うこともちろん大事ですが、その人たちを喜ばせようと自分の判断で勝手に動いてしまうと、場の進行が滞ることもあるからです。

基本的には、幹事がその場をコントロールしています。参加者には知らせていないサプライズ企画を用意していることもありますので、**何かに気づいて動きたくなったら、まずは幹事に確認してフォローする**のが適切です。

たとえば「○○を探している人がいるようですが、△△しましょうか？」など、情報提供するとともに提案すると間違いないでしょう。その場を仕切ってくれていることに感謝を示しながら、幹事の立場に立って考えることが気遣いになります。

「サポートすることはないか？」

「どういう状態になれば幹事が助かるか？　安心するか？」

そんな目線で、お手伝いの提案をしてみましょう。

また、お手伝いすることがあるかどうかにかかわらず、何より大切なのは**「その場で楽しそうに振る舞う」**ことです。

誰かのスピーチに対して頷いたり、ジョークが飛び出せば反応して笑ったり、拍手をしっかりしたり、催しがあれば熱心に参加したり……そういったちょっとした振る舞いや態度は伝播し、周りの参加者にも影響を与えます。

そして、終了時には、幹事の苦労をねぎらう言葉が一番の気遣いになります。


「とても素敵な会になりましたね」

「○○の企画、すごく盛り上がりましたね」

「○○さん、とても喜んでいましたよ！」

「ご準備もきっと大変でしたよね。お疲れ様です」


このような声をかければ、幹事の方も「やったかいがあった！」と報われる気持ちになるでしょう。

私自身も幹事をしたときに、感想を伝えてくれたり、「幹事お疲れ様」と声をかけてくれたり、イベント中に楽しそうにしてくれたりした人のことは、印象に残っています。

どんなに素敵なイベントを開催できても、終わった後に幹事が「大変な割に報われないな」と思ってしまったとしたら、悲しいですよね。
そうならないために、会に参加するときは幹事の方に感謝し、気遣う心を表現していきましょう。

POINT

終了時は「とても良い会でしたね」と幹事をねぎらって

第4章

なかなか距離が縮まない「会話」の気遣い

これって無礼！？

雑談の入り口は「最近どうですか？」

話したいことを話してもらう質問だと…

何を話せばいいか、
とても困る質問

会話をするにあたり、「質問」はとても重要なものです。

質問の内容によって、相手を困らせることもあれば、雄弁にさせることもあります。質問の後の会話が盛り上がるかどうかは、実は質問する側のさりげない気遣いがカギになってきます。


「最近どうですか？」は、雑談の入り口でよく使われる質問のひとつです。

聞かれた側は自由に話すことができるので、おしゃべり好きな人はどんどんしゃべってくれるでしょう。

ただ、論理的思考の傾向が強い人や距離感が遠い人の場合は、「どう？」と聞かれると、

「何をどう話したらいいのかな？」

「仕事のこと？　プライベートなこと？」

「何か心配されることがあったっけ？」

と戸惑ってしまうこともあります。

そのため、ここでは具体的な選択肢を用意する方がいいでしょう。
会話のキャッチボールをするためのウォーミングアップであれば、このように置き換えるのがおすすめです。

「相変わらずお仕事はお忙しいですか？」
「前におっしゃっていた○○はうまくいきましたか？」
「ご家族のみなさんはお元気ですか？」

このように、何について答えればいいか明確で、「イエス」「ノー」だけでも答えられる質問であれば、相手は気が楽です。

では逆に、あなたが「最近どうですか」と聞かれたときは、どんなふうに答えたらいいでしょうか。

頭が真っ白になって困るという方は、「正しく答えたい」という気持ちが強いのだと思います。しかし、ほとんどの場合、**相手は会話の取っかかりとして挨拶程度に聞**

いているため、「深く考えなくていい」と思っておいて大丈夫です。

たとえば、会話が広がりそうな返答を思いつかなくても、

「相変わらず元気にやってます」

「ぼちぼちです」

などと言っておけば問題ありません。**内容よりも、気にかけてくれて嬉しいという気持ちを表現して、にこやかに話すことが大事です。**

雑談がすごく苦手だという場合は、あらかじめ聞かれたらこう答えようかなと用意しておくのもいいでしょう。

「今の時期は〇〇でちょっとバタバタしてます」

「ちょうど〇〇の準備が落ち着きました」

など、具体的に話すと会話が続きやすくなります。

上司に「最近どう?」と聞かれたときは

もしあなたの上司が「最近調子はどう?」と聞いてくれたとしたら、これはプライ

ベートではなく仕事の様子を聞かれています。

「困ったことはないか気にかけているよ」というありがたいメッセージだととらえましょう。

いつもと変わらなければ、

「順調です」

「頑張っています」

などの返答でOKです。

距離感の近い上司であれば、状況に応じて、

「最近○○さん（その上司）と飲みに行けないので寂しいですね」

など、親しみのある返しも喜ばれそうです。

もしちょうど困っていることがあるなら、

「○○が初めてなので、ちょっと手間取っています」

「今度○○を行うのですが、緊張しすぎて少し不安です」

というふうに具体的に伝えると、力になってもらえたり、アドバイスをもらえたりすることがあるでしょう。

「最近どう？」は、相手があなたと関わりたい・気遣いたいと思っているサインでもあります。言われる側はまずそのことに感謝して、関係を温めていきましょう。

POINT

「お仕事はお忙しいですか？」などイエス・ノーで答えられる質問に

これって無礼!?

話を聞くときは、相づちの言葉を頻繁に差しはさむ

「ちゃんと聞いてますよ」と伝えたくて…

話をそのたび遮られ、
かえって話しづらくなることも

相づちは話し手に寄り添うためのもの。「あなたの話をきちんと聞いていますよ」のサインです。聞き手が適度な相づちを打ってくれると、話し手はリズムに乗って、とても気持ちよく話せるものです。

ただ、相づちは打てばいいというものではありません。

私は、話をしっかり聞いていると思われたくて、相づち言葉を頻繁に口に出していたら、相手の話を遮ってしまい、「かえって話しづらくしてしまったかな……」と思ったことがあります。

意識したいポイントは、大きく分けて2つあります。

● 自分が何か言おうという意識はいったん捨て、ただ受けとめるようにうなずく

「聞いているよ」という姿勢を表現するために、もっとも大事なのは、相手が話しているときに自分が話したい内容を考えないことです。

私も昔は、相手の話を聞きながらも、「何か良いことを言ってあげたいな、どう話したらいいだろう」という考えがよく頭に浮かんでいました。

しかし、同時に2つのことをすると、どちらも中途半端になりますし、それはなんとなく相手にも伝わってしまいます。まずは聞くことに集中しましょう。

特別な言葉を使わなくても、時折「うんうん」「はい」などと言うだけでもいいですし、声は出さずにうなずくだけでも、聞いている姿勢は十分伝わります。

ほとんどの場合、**相手は耳触りの良い言葉を求めているわけではなく、ただ受けとめてほしいと思っているもの**です。

「せっかく話してくれているんだから、何か役に立ちたい」という考えは、自分のエゴかもしれません。

何か言うなら話が終わってから、もしくは意見を求められてからにしましょう。

大丈夫…何でも聞くよ…
ふわ
ふわ
ああこの安心感…

●相手の気持ちを想像し、それに寄り添った表情をしていく

表情も、聞くときに重要な要素です。相手がどんな気持ちで話しているかを考えて、それに寄り添った表情をしていくと、相手は安心して話すことができます。

話の内容によって、嬉しい表情・深刻そうな表情・驚いた表情……と、相手の心情に合わせた表情をしましょう。真剣な姿勢が伝わり、「まるで自分のことのように喜んでくれている・悲しんでくれている！」と、感動してくれるかもしれません。

この2つを実践すると、相手は格段に話しやすくなります。私自身も、これらを心がけるようになってから、以前より相手が心を開いて話してくれるようになったと感じています。

聞き上手になる相づちのコツ

さらに、余裕があれば取り入れたい、相づちのコツをご紹介します。

コツを意識しすぎて聞くことがおざなりになってしまうと本末転倒ですが、自然に

できるようになると、より相手が話しやすい雰囲気をつくることができます。

●相づちの速さ（首の動かし方）

・楽しい話：早め、小刻み、相手の話のスピード感と合わせる
・深刻な話：ゆっくり、深め（もうちょっとゆっくり話してほしいときも有効）

●表情のつけ方

先のポイントで紹介したとおり、相手の気持ちに寄り添った表情づくりが基本ですが、さらにこのようなことを意識すると、相手の安心感が増します。
・同意を求めている話：話のポイントでニコッとしながら聞く
・悩みごと：相手の表情と合わせる。過度に心配そうな顔にしない

●言葉

無理に言葉を足すのが難しいようであれば、うなずきと表情に集中しましょう。自然に声を出せる場合は、徐々に言葉のバリエーションを増やしていくと、相手の話に

集中しているのが伝わります。

・プライベート：うん、えー、そう、わあ！

・電話などオフィシャルな場面：はい、ええ、そうですか

・驚いたとき：「うそ!?」という否定形より、「そうなんだ！」など肯定形の方が感じが良い

言葉のバリエーションを増やすのが難しいときは、声のトーンを変化させましょう。

同じ相づちでも、相手の話に合わせて声の大きさや明るさ、速さが変わると、感情が伝わります。

POINT

うなずく表情で十分聞き上手

これって無礼!?

同意を示す相づちに「そうですよね」を使う

寄り添う気持ちを表現する言葉では?

「私はすでに知っていましたよ」
という意味に聞こえてしまう

相手の話を聞いているとき、相づちで「そうですよね」と返すことはありませんか？　「相手に寄り添っているように聞こえるかな？」と、良い意味で使っている人もいると思います。

ただ、本来同意の意味で使われる「そうですよね」を、あまり深く考えず口癖のように連発している人も多いようです。

実は「そうですよね」を連発していると、相手は違和感を持ったり、話の内容によっては失礼だと感じたりしてしまうことがあります。

たとえば相手が、「これはこうするとうまくいくんですよ」「〇〇したらこんなことが起きるんですよ」など、何か教えてくれているような話をしているときに、「そうですよね」と返したら、どう思われるでしょうか。

この返答は、「私はすでに知ってましたよ」という意味のように感じさせてしまうことがあります。相手によっては、「なんだ、知ってたの？」「せっかく話したのに」と嫌な気持ちになる人もいます。もしこの相手が上司など、目上の方だったら怒られてしまいそうです。

　ではこのようなとき、どんな相づちなら相手を不快にさせないのでしょうか。

　おすすめは、

「そうなんですね！」


です。

　一見、「そうですよね」と似ていますが、大きな違いがあります。「そうなんですね」は同意ではなく、相手の言葉をそのまま受けとめる言葉です。

　より丁寧に返すなら、

「○○するといいんですね」

「初めて知りました」

「勉強になります」

などと伝えると、話した側も話をした

かいがあります。

他にも、相手が相談をしてくれたときは、「そうですよね」を使いたくなることがあるかもしれません。

同調してあげたい、寄り添いたいという気持ちが働くのは自然なことです。ただ**「そうですよね」を乱用していると、聞き手が評価・ジャッジしているように聞こえる場合があります。**

たとえば相手が、「AとBどちらにするか迷ったんですけど、Aの方が自分にはいいのかなと思って」と言ったのに対して、「そうですよね」と返したとします。すると、立場によっては「なぜあなたがジャッジするの?」と思われることがあります。

「Aにしようと思うんですね」など、否定も迎合もしない相づちにするといいでしょう。「あなたの考えを理解しましたよ」ということが伝わる相づちは、相手も安心しやすいです。

深く考えずに同調すると危険なことも

また、深く考えずに「そうですよね」「そうだよね」と同調すると危険なこともあります。

たとえば会社の同僚が「C部長の発言って嫌がらせだよね」「ハラスメントだよね」と言ったことに対して、簡単に「そうだよね」と返すとどうなるでしょうか。

同意をしたとみなされ、「あの人もC部長を悪く言っていた」などと、話が一人歩きする可能性があります。

そのため、このようなときも、**まずは相手の気持ちを受けとめるだけにしておく**のが得策です。同意はせず、

「そんなことがあったんだね」

「つらいんだね」

といった相づちを打つといいでしょう。

とくに仕事関係では、「そうですよね」が思わぬトラブルを招く可能性があることを知っておくだけで、自分の身を守ることができます。

一見何気ない「そうですよね」という言葉ですが、使い方はよく考える必要があります。誤解を与える使い方をしていないか、今一度振り返ってみましょう。

POINT

「そうなんですね」と言い換えてみる

これって無礼!?

寡黙な人とも話が弾むよう、話題をいろいろ提供すべき

お客様や目上の人なら自分が盛り上げるのが役目

「相手のペース」に
合わせることが大切

寡黙な人と話すとき、話が弾まず、困ってしまうことはないでしょうか。会話を続かせるために質問が多くなり、「根掘り葉掘り聞いているように感じるかな?」「嫌な思いをさせてしまうだろうか?」などと、心配になることもあるかもしれません。

こういった経験がある方は、まず心がまえとして「お互い様」だと考えておきましょう。**自分一人で頑張る必要はないし、「自分のせいで会話が盛り上がらない!」と焦る必要はありません。**

とはいえ、「友達ならともかく、相手がお客様や目上の人だったら、自分が盛り上げないといけないでしょ?」と思う人もいるかもしれません。でも実は、相手が誰であれ同じことが言えるのです。

人それぞれ、快適な会話のペースや話す適切量は違います。ですから、こちらの基準で「話が弾まなかったな」と落ち込まなくても大丈夫なのです。相手側はそんなふうに思っておらず、いつもの調子だということがよくあります。

営業のプロに同行してお客様との会話を観察する機会がありますが、毎回必ずしも大盛り上がりしているようには見えません。

営業のプロは常にしゃべり続けているわけではなく、時折沈黙をはさんだり、会話が途切れ途切れだったりと、相手によってペースを変えています。

相手が寡黙なのであれば、それに合わせて自分のトーンも調整していいのです。

このことを基本の心がまえとしながら、さらに会話が弾みやすくなるポイントを取り入れていくと、お互いに気持ち良く会話を広げることができるでしょう。

おすすめの方法は、**「相手が話したい内容」を考えて言葉を投げかける**こと。人は誰でも、自分が話したい内容であれば饒舌になりやすいものです。会話が盛り上がるきっかけになる話のバリエーションを持っておくと、話題に困ったときの助けになります。

● 一般的に負担にならない雑談の入り口になる話題

・ニュース
・天気
・近くのお店やスポット
・共通の知り合いの話

● 事前にネットで調べたり、人に聞いたりしておくと距離を縮められる話題

・相手の得意な分野、詳しそうなこと
・相手の働く業界の現状
・予想されるお困りごとなど、苦労話

「今日は○○で人が多かったようですね」
「△△さんが、○○さんのことを釣りの達人だと教えてくれました」
「HPを拝見しましたが、○○のボランティアに取り組んでいらっしゃるんですね」
といったように、いくつか問いかけをして、反応が良い話題について広げたり、深掘りしたりしていくと、話が弾みやすいです。

私も初対面の人に「三上さんのブログを読みました。○○なんですね」「研修業界は○○の影響がかなりありますか？」などと聞かれると、とても話がしやすく、その後の会話も自然と続いていきます。

さらに話が盛り上がってきたら、**自分のこともいくつか自己開示すると、意外な話題に乗ってくれるかもしれません**。

ある人が「リモートワーク中に猫がキーボードの上に乗るんですよ」と話したら、実は相手も猫を飼っていて盛り上がった、と教えてくれました。

口数の少ない相手に決して言ってはいけない言葉があります。それは、「あまりお話ししない方なんですか？」「人見知りですか？」といった質問です。

気にして悩んでいる人もいますし、話し方を指摘されたように感じて落ち込んでしまうこともあります。さらには、「そんなことを言われる筋合いはない！」と怒ってしまうこともあるでしょう。

いずれにしろ、「自分とはうまくコミュニケーションがとれない人」という印象がつき、心を閉ざされてしまう可能性が高いです。

会話をするときは、相手のペースを見極め、焦らず、こちらはできることをする。これを実践すると自分が困らないだけでなく、相手を尊重することにもなります。それはきっと相手にも伝わって、好印象につながるはずですよ。

POINT

途切れ途切れでも、相手は気にしていない

これって無礼!?

「沈黙」は自分との会話がつまらない合図。頑張って話題をつくる

話し下手だと思われたくない、好かれたい…

誰でも疲れていたり、
あまり話したくなかったりするときがある

会話の途中で沈黙が流れたとき、「何か話さなきゃ」と焦ったり、「気に障ることを言っちゃったかな？」と心配になったりすることはないでしょうか。

しかし、沈黙はそんなに恐れなければならないものでしょうか？

沈黙を恐れるのは、「話下手だと思われたくない」「相手に好かれたい」という気持ちがあるからなのでしょう。でも、どんなふうに会話をしたとしても、相手の気持ちはコントロールすることができません。

沈黙したからといって、相手が悪く思うとは限りませんし、逆に沈黙しなかったからといって、相手が好印象を持ってくれるかどうかはわかりません。

あなたにとっても、「沈黙が気まずくならない人」がいるのではないでしょうか？

「この人と話すときは、話し続けなくても心地良くて、沈黙があっても焦らない」

こんなふうに感じるのは珍しいことではありません。

そう考えると、**沈黙は必ずしも悪いものではない**と言えますよね。

まずやってみてほしいのは、「相手にベクトルを向けること」です。

沈黙のとき、自分がどうするか・どう思われるかで頭をいっぱいにするのではなく、相手のことを見てみてください。相手はどんな表情をしているでしょう？

何か考えごとをしているかな？　落ち着いている表情かな？　疲れているかな？

相手の機嫌が良さそうで、リラックスしているように見えれば、焦る必要はないと思います。また、疲れているように見えれば、「会話も少ない方が疲れさせないよな」など、自分が焦る気持ちを落ち着かせることができます。

それから、沈黙による良い効果も知っておくといいでしょう。沈黙はただの空白の時間というわけではありません。

たとえば、自分が質問した後に相手が黙ってしまったとき。この後に出てくる言葉は、よく考えられた言葉であることが多いです。この場合の沈黙は、質問により良い返答をするための大事なシンキングタイムなのです。

プロのカウンセラーの方から聞いたのですが、沈黙は相手が内省（自分の心の中を見つめ熟考）している合図なので、邪魔をしない配慮が必要とのこと。

また、**絶え間なくしゃべり続けるよりも、時折沈黙がある方が、余裕があるよう**

に・堂々としているように見えることがあります。「話が下手でつまらない人」どころか、「落ち着いて地に足がついている人」というプラスの印象になるのです。

沈黙を怖がりすぎて、ただ隙間を埋めるための発言をしていると、わざとらしくなって、逆に雰囲気をしらけさせる可能性もあります。

私自身、初対面の方に「何か話さなきゃ！」と思い、「ここのお部屋の天井は高いですね」と言ったら、「何か頑張って話そうと思わなくてもいいですよー」と言われ、恥ずかしくなったことがありました。

洪水のように話されると、自分の話したいことが言えなかったり、質問できなかったりする人もいます。「沈黙は良くないもの」と思い込まず、相手や自分のためにもぜひ上手に活用してみてくださいね。

POINT

沈黙はシンキングタイムでもある

これって無礼！？

長い話を切り上げたいときは「お話の途中で申し訳ありません」

我慢して聞き続けるべき？

時間には限りがある。
自然に終わりに持っていくセリフとは？

時々、「一方的に話し続けて止まらない人」がいます。

そんな人と接する際、聞き手の心や時間に余裕があるときはいいかもしれませんが、たいていの場合は居心地が悪くなってしまうものです。


相手の話が一方的で止まらないとき、どう対応しているでしょうか。

「私の話もしたいけど、遮るのは気が引けるな」

「どうやって切り上げようか」

「急に話を切り上げると、相手に不快な思いをさせないだろうか？」

……そんなふうに考えながら、我慢して聞き続けてしまうことはありませんか？

そのように対応していると、相手や周りからは聞き上手だと思われるかもしれませんが、自分としては少しつらいですよね。

では、どうしたら失礼なく、会話が一方的にならないようにできるのでしょう。

おすすめの方法をいくつかご紹介します。


まず、聞くときの対応。話を聞きながらうなずくだけでは、とめどなく話が続いていくので、自分も会話の舵を取れるように、言葉をはさんでいくことが大事です。

よく話の途中で口をはさむ際に、

「お話の途中で申し訳ありません」

「話を遮ってごめんね」

と、断りの言葉を入れることがあります。これは礼儀としては良いかもしれませんが、途中で無理やり終わらせた印象が強くなってしまいます。

そこで、あえてそれは言わず、

「先ほど○○さん（話し手）が話された△△の話ですが……」

と、**相手の発言のどこかをピックアップして、自分が話したい方向に持ってい**

きましょう。

こうすると、自然な流れで話せて、相手も嫌な気持ちになりづらいです。

次に、話を終わらせたいときの対応です。

私がCAをしていたとき、お話し好きな方を接客することがよくありました。お客様のお話にはにこやかに対応するべきですが、ずっと話し続けていると他のお客様へのサービスが滞ってしまいます。

そんなとき、気遣いのうまい先輩は話の要点をまとめつつ、

「ついついお話が楽しくてお邪魔しました。ありがとうございました」

とお礼を伝えたり、

「もっとお聞きしたいのですが、○○の時間になり残念です」

と、名残惜しいという気持ちを伝えたりして、失礼なく会話を終わらせていました。

話を終えるフレーズをいくつか覚えておく

このように、ちょっとした言葉を添えるだけで、マイナスな印象を与えない対応が

できます。とっさに使えるよう、頭の中にいくつかキーフレーズを用意しておくと、自分もイライラせずに済むでしょう。

使いやすいフレーズをご紹介するので、ぜひ参考にしてみてください。

●話を終わらせるフレーズ

「貴重なお時間にお話ししすぎてすみません」

「楽しいお話ありがとうございます」

「あ！（時計を見て） 時間が経つのが早いですね」

「○時までに連絡しなければならない件があって」

「またこの続きをぜひ教えてください」

ビジネスの場で話が長くなる相手には、打ち合わせ前に「恐れ入りますが、次の予定がありますので、○時には失礼させていただきます」とあらかじめ伝えておくのもおすすめです。

一方的な話を我慢して聞き続けるのは、良いことではありません。なぜなら、その相手に会うことが苦痛で嫌になってしまうからです。

「悪い人じゃないんだけどな、でもストレスがたまるから……」と疎遠になってしまうのは、相手も望んでいないはずです。「お互いのため」と思って、上手に対処しましょう。

POINT

「貴重なお時間をすみません」
「楽しいお話ありがとうございます」

これって無礼!?

愛想良く振る舞うのは話しかけられてからでいい

素のときの表情管理まではしていない…

「話しかけられやすい人」になる
メリットは大きい

「話しかけやすい人」でいると、周りの人とのコミュニケーションが増えます。自分から働きかけなくても、自然と人や情報が集まってきます。

人に声をかけるときは、「拒否されたら嫌だな」という気持ちが働き、少し勇気がいるものです。話しかける側は、その気持ちを乗り越えてアクションすることになり、パワーを使います。

そう考えると、何もしなくても話しかけられるというのは、とてもお得なことだと言えます。

では、どうしたら話しかけられやすい人になれるでしょうか。第1章で、一番の気遣いは「機嫌良くいること」と書きましたが、それは「話しかけやすいかどうか」という観点でも重要です。さらに、いくつかのポイントをお伝えします。

まずは、コミュニケーションのスタートになる挨拶の仕方です。**挨拶がうまくいくと、その後の会話も弾みやすくなります。**このことは、普段から実感している人が多いのではないでしょうか。

挨拶で好印象を与えるためのコツは、目だけを向けないということ。

顔の面が相手に向かず、横目でちらりと見た格好になってしまうと、何かのついでに挨拶したように見えてしまいます。人によっては、「面倒くさいけど一応挨拶しておくか」という態度に感じられることもあります。

そうならないために、自分の鼻・心臓ごと相手に向くようにしましょう。このとき、可能なら爪先も相手に向けると、より丁寧さが伝わります。

さらに、向きだけでなく、相手を見ている時間の長さも大切です。**アイコンタクトをとるときは、一瞬見るだけだと自信がないように見えてしまうので、3秒間くらいキープするといいでしょう。**

次に、表情のポイントです。

穏やかな表情は「話しかけていいサイン」として相手に伝わります。

逆に、眉間にシワが寄って不機嫌そうな顔をしていると、「返事もぶっきらぼうに返されそうだな」「何か言うとトバッチリを受けそうな感じがするな」などと思わせてしまいます。そうなれば、人が寄り付かず自分が損をしてしまいます。

また、初対面の人が多い場所で声をかけてもらいたいならば、TPOを考えた身だしなみも意識した方がいいでしょう。奇抜なデザインの服装や派手なメイクで目立っていると、気後れさせてしまう場合があるからです。

「話しかけられなくてもいいから、個性を周りに伝えたい！」という考えがあって、あえてそうする人もいるかもしれません。しかし、第一印象で警戒させてしまうと、後から印象を変えるのに労力がかかります。

話しかけにくい人に共通する特徴

私は研修の休憩時間に、受講している方と情報交換したいと思って話しかけることがあるのですが、

・携帯をずっと触っている
・目線がずっと下を向いている

こんな方がいると、「忙しいのかな」「話しかけられたくないのかな」「そっとしておいた方がよさそう」と感じ、話しかけるのを躊躇します。

何か理由があるならば別ですが、無意識で行っているとしたらもったいないですね。

とりあえず目線を上げて、周りの様子を眺めたり、そうでなくてもボーッと考えごとをしたりするだけでも、話しかける隙ができるのでおすすめですよ。

話しかけられてちょっとした会話ができると、自分も居場所ができ、ホッとした気持ちになります。自分目線でも、どんな人に声をかけてみたくなるか観察して、ぜひ真似をしてみましょう。

POINT

穏やかな表情で、挨拶はしっかり顔を向けて

第5章

多様性時代の「勘違い」気遣い

これって無礼!?

仕事のメールは要件のみ簡潔に

その方が忙しい相手に失礼がないのでは?

毎回では冷たさを感じる。
季節にからんだ気遣いの1文を

ビジネスの場でのやりとりは、意識しないと用件のみになりがちです。しかし、毎回本題だけの内容となると冷たく、距離を感じさせてしまうかもしれません。状況に合わせた、相手を思う気遣いの言葉は「仕事も相手の立場も慮《おもんぱか》れる人」ということを感じさせます。

とくに**「体調を気遣う言葉」は当たり障りなく、心が温まるホッとする言葉として相手に届きやすい**のです。いくつか例をご紹介します。

● 時節や時候に合わせた言葉

〈季節の変わり目〉

気温差が大きく体調を崩す人も多いので、「あなたには気をつけてほしい」という気持ちが伝わります。

「季節の変わり目ですので、体調にお気をつけください」

「季節の変わり目ですので、お風邪など召されませんようお気をつけください」

〈時期を意識した気遣い〉

季節感を取り入れた挨拶は、四季の移り変わりを大切にしている、日本における礼儀のひとつとも言えます。

「春らしさを感じる日も増えてまいりましたが、肌寒い日もございますのでお体にお気をつけてお過ごしください」

「しばらくは暑い日が続くようですが、どうぞご自愛ください」

「夏の疲れが出やすいときですので、どうぞお体を大事にされてください」

「朝晩の冷え込みが厳しくなってまいりましたが、体調管理にはお気をつけくださいませ」

「年末のお忙しい時期とは存じますが、お体を大切にされてください」

「厳しい寒さが続いておりますが、ご健康とご活躍をお祈りしております」

●久しぶりにやりとりする相手への気遣い

久しぶりに連絡をとる際は少し緊張しますよね。そんなときも気遣いの言葉を添えると、温かみが出ます。

スタートは「ご無沙汰しております」という正式な挨拶からスタートしましょう。

一般的には、3ヵ月以上連絡をとっていない相手に使います。

「お久しぶりです」は人によっては砕けた印象を与えます。上下関係を気にしない距離の近い関係にはOKですが、お客様や取引先には使わないようにしましょう。

ちなみに「ご無沙汰」という言葉ですが、「沙汰」＝「便り」「知らせ」のこと。ですから、「無沙汰」は便りがないという意味です。本来は定期的にご連絡をするべきところ、できていない状態を申し訳なく思う気持ちです。

「ご無沙汰をしております」

「久しくご無沙汰いたしましたこと、お詫び申し上げます」

その後、相手の安否などを気遣う言葉を続けます。

「いかがお過ごしでしょうか」

「お変わりございませんでしょうか」

お返事が来たら、こちらからの返信の中に「お元気なようで安心いたしました」と一文入れましょう。

だいぶ間があいてしまった方へは、相手が「誰だっけ？」とならないよう、どこの誰かはもちろん、関わった内容も伝えるようにするといいですね。

「ご無沙汰しております。以前○○をご一緒にさせていただきました、○○の○○でございます」

とくにビジネスメールなどのやりとりは、締めが「どうぞよろしくお願いいたします」とワンパターンにもなりがちです。あまりにも形式的なやりとりが続くと、何も感じずに仕事をしているようにも思わせてしまうものです。

相手の状況を想像する、体調を気遣う言葉のバリエーションを増やし、寄り添う気持ちを伝えて良好な関係を築いていきましょう。

POINT

「季節の変わり目、ご自愛ください」はやはり鉄板

これって無礼!?

お断りのメールは「検討します」とやんわり曖昧に

はっきりノーを伝えては角が立つし…

勘違いをさせ、
よけいな時間と手間をかけさせてしまう

相手の要望に対して断りを入れなくてはいけないとき、どう対応すれば失礼な印象にならないか迷うことも多いでしょう。その後の関係を保つためにも、お断りする際のメールの気遣いポイントをお伝えします。

まず大事なことは、**結論は何なのかをわかるように伝える**ことです。気を遣いすぎる言葉が続くと、これはどういう意味なのだろう？と相手も勘違いしたり、再度確認しなくてはならなかったり、よけいな時間と手間をかけさせます。

「検討中」「条件次第では承る」のような、対応に迷いが生じるような書き方にしないことです。

お断りすることがわかるようにするのは大切ですが、**「お引き受けいたしかねます」「お断りいたします」だけでは突き放した冷たい印象を与えます。**

とくにメールは、表情や声の調子など感情が伝わりにくいので、クッションになる寄り添う言葉からスタートします。「申し訳ございませんが」「大変恐縮ではありますが」「残念ながら」「せっかくですが」など、残念に思う気持ちが伝わる表現を心がけます。

頼んでくれたということは、**信頼してくれているから。信頼、期待に応えられないことに対して、相手を気遣う言葉があることが大切**です。

「ありがたいお話なのですが」「身に余る光栄なことなのですが」「お引き受けしたい気持ちはあるのですが」「お役に立てず恐縮ですが」など感謝が伝わるようにします。

お断りする際の気遣いのフレーズをいくつかご紹介します。

「**ご要望に添えず申し訳ございません**」

へりくだる気持ちが伝わりやすくなる言葉です。断る内容の言葉の後に添えます。相手の扱っているサービスや製品などの提案をお断りするときなどに使えます。お詫びの気持ちも伝わります。

「**お力になれず申し訳ございません**」

相手がとくに困っている状況などが想像される場合に使います。

なんとか対応したかった気持ちも伝わります。角が立たない表現でもあります。

「今回は見送らせていただくことになりました」

「今回は」という限定的な言葉で、たまたま条件やタイミングの問題で今回はお断りとなってしまったことが伝わります。すべてがダメだったという全否定的な印象がやわらぎます。

「お断り」という言葉よりも「見送る」という言葉の方が柔らかい表現として伝わります。

せっかくのご依頼をお断りするのは気が引けますが、礼儀を重んじた書き方であれば、相手の気分を害することを避けられます。自信がないときや迷う場合は書いた後、即座に送信せず、信頼のおける人に文章を一度見てもらうこともおすすめします。

POINT

「今回は見送らせていただきます」が角が立たない

これって無礼!?

後輩や部下を指導するときはひと言でさっと手短に

あまりくどくど説明するのも嫌がられるのでは…

じっくり時間をとり、
丁寧に説明してほしいことも多い

恥ずかしながら、私は何かをしている最中に人から話しかけられると、メモが取れず忘れてしまうことがあります。そのことで、同僚に「前にも言ったよね」と注意されたこともありました。

そんな私に対して、ある先輩は、

「今、時間大丈夫？　ここは大事だからしっかり理由を伝えるね、メモを取ってもらえるかな」

と、一度座って話をしてくれました。そのように伝えられたときは、私もしっかりと集中して聞くことができ、言われたことを忘れずに身につけられました。

指導する立場にある人は、「仕事中は忙しいから、いちいちそんなに丁寧に伝えていられないよ」と思うかもしれません。

しかし、忙しいからといって、いいかげんに伝えているとどうなるでしょうか？

相手が聞き逃して、結局何度も伝えることになったり、相手の行動が変わらなかったり、口うるさいと思われて関係が悪化したり……。最悪の場合、そのことが原因で相手が仕事を辞めてしまうことになるかもしれません。そうなれば、とても効率が悪いですよね。

長い目で見ると、指導するときには、時間をとって丁寧に伝えた方がうまくいくのです。

実際に、私が指導する立場になったとき、何度伝えても同じミスをする後輩には時間をとって座ってもらい、なぜそれをした方がいいのか・なぜその手順が重要なのかを丁寧に説明したところ、次からは同じ失敗をしなくなったということが何度かありました。

また、指導する際には言葉の使い方も重要です。ちょっとした違いでも、相手にとっては大きく印象が変わり、前向きに受けとめてくれやすくなります。いくつか例をご紹介します。

「いつもそうだよね」「前にも何回か言ったと思うけど」

↓「これをミスするとこういう影響があるんだよ」（理由を説明する）

「やる気あるの？」

↓「～はできているから、〇〇してしまうともったいないよ」

「普通そうしないよね」

↓「これをした何か理由はある？」（言い分を聞いてから）「こうする方が間違いが起こりにくいかな」

「頭使って考えればわかるよね」

↓「こうならないように何が必要だと思う？　どうしたらいいだろう」

気をつけたいNGワード

他にNGワードとしては、

「前から言おうと思ってたんだけど」

「〇〇さんもあなたのこと心配だって言ってたけど」

「同期と比べて差がついてるよ」

というものもあります。

このような言葉は、「私のことを、心の中でそんなふうに思ってたんだ」「そのときに言ってほしかった」「陰で自分のことが悪く言われてるんだ」と感じさせ、一気に信頼関係を崩すことになりかねません。

指導したとき素直に受け入れて成長してもらうには、普段からの関わり方が大切です。誰にでも、できていることはあるはずなので、まずそこを日常的に認めましょう。

「いつもデスクが片づいているね」

「時間に正確だよね」

「これができるようになったんだね」など

社会人として当然のことだとしても、事実を見つけ、口に出して伝えると、相手は「良い部分もしっかり見てくれているんだな」と感じます。

相手にやる気が感じられないような場合も、「大事な仲間だから損してほしくない」と味方であることを示したり、「これは○○さんにやってほしいんだ」と期待の気持ちを伝えたりすることで、相手の中で何かが変わる可能性があります。

相手に向き合い丁寧に指導をすれば、その気持ちがきっと伝わるはずです。将来、あなたを助けてくれる存在になることもあるでしょう。ぜひ、日々の指導の中で「伝え方」を意識してみてくださいね。

POINT

「前から言おうと思ってたけど」などのNGワードに注意

これって無礼!?

パワハラにならないよう、怒りやイライラは無理にでも抑え込む

自分が我慢すればいい…

指導の「目的」を思い出し、
まずは心を穏やかにする

近年よく問題になる「パワハラ」。とはいえ、パワハラを気にしすぎて遠回しな言い方になれば、相手にうまく伝わらないと考える方もいるでしょう。たしかに、せっかく指導したのに相手が変わらないのでは、言ったかいもないですよね。

しかし、パワハラを気にせず言いたいように言えば、本当に相手に伝わるのでしょうか。

たとえば、業務の進め方について部下に注意したいと思ったとき。普通に言っても伝わらないからと、怒った口調で強く言ったとしたら、相手はどうなるでしょうか。

逆の立場になれば見えてくることですが、「怒鳴られたから、身にしみて反省できた」ということはあまりないものです。

それどころか、逆に反発する気持ちが芽生えたり、「感情的になる人なんだな」「ヒステリーを起こす面倒なタイプの人だな」と、冷めた目で見てしまったりすることもあります。

相手に感情的だと感じさせてしまうと、自分の言動が原因で注意されているのではなく、気分で八つ当たりされているように思われます。さらには、「感情をコントロールできない人」という印象がつき、その後の信頼関係を築きづらくなってしまうのです。

かと言って、無理に怒りを押さえ込むと歪みが出て、よけいに感情が波立って来るような感覚にもなるかもしれません。

そんなときは相手と向き合う前に、まず自分自身の気持ちをやわらげるアプローチをしてみましょう。深呼吸をしたり、ゆっくり数を10数えてみたり、癒やしの存在を頭に浮かべたり……。

ちょっと落ち着いてきたら、こんな方法もあります。

私の知人は、怒りモードで相手に接してしまいそうなとき、自分と相手が舞台にいるような風景を思い描き、それを客席から舞台監督として見ているような視点に切り替えていると教えてくれました。

そうすることで客観的に自分を眺め、自分自身にどんなことを言わせるか指令を出す感覚になるとのこと。すると、感情的にならず、不用意なことを言ってしまうのを防ぐことができて、自分をコントロールすることにもつながるのだそうです。

他にも、「伝える目的は何だったかな？」と自分に問いかけることも有効です。

指導する目的は、相手を怖がらせることでも、自分のストレスを発散することでもなく、相手の成長やチームの成果のためだったと思い出してください。それができると、「穏やかに」「前向きに」と切り替えるスイッチも入りやすくなります。

POINT

深呼吸したり、ゆっくり数を10数えたりしてみる

これって無礼!?

オンライン会議も盛り上がるよう、積極的に相づち

せめて声だけでもと…

複数人いると声がかぶってしまう。
うなずきだけでOK

オンラインでのコミュニケーションでは、直接の対面よりも気持ちや反応がくみ取りづらいなと思うこともあるのではないでしょうか。

まず始まりが肝心です。時間を調整してオンラインでコミュニケーションをとってくださることへの感謝の気持ちを、言葉にして挨拶します。

もし初対面がオンラインであるときは、最初の挨拶時は大袈裟なぐらいの笑顔でちょうどよく伝わります（いつもの1・5倍くらい）。声のトーンは歓迎が伝わるよう、ドレミファソラシドの「ソ」の音の高さにして発声します。

誰から話す？と、お見合い状態になることもあるので、こちらが話の主導権があるとき、そして複数が参加の場合は、身内側であらかじめ進行役や自己紹介の順番、進め方の打ち合わせをしっかりしておくといいですね。

説明時に言葉だけでは伝わりにくいものがありますので、小さいホワイトボードなどを用意しておき、カメラに映してのコミュニケーションもおすすめです。

音声は機械を通すので、こもりやすいため、口はしっかり開けます。話すときに上の歯は4本以上見えているか確認してみてください。

視線も、相手から見て合うように見せると安心感があり、また自信も感じさせますので、ポイントの話をするときはカメラ目線で話しましょう。

口角が下がると、ふてくされているように見えるので注意。口は軽く閉じ、口角を横に引くと機嫌良く見え、相手も安心させます。

オンラインにかかわらずコミュニケーションでとくに大切なのは、聞いていることがわかるように、話にしっかり反応することです。

相づちの声を出すと、複数人の場合には話がかぶったりしますので、動作であるうなずきをしっかり行います。楽しい話は細かく、深い話はゆっくり目に。驚いた話はのけぞるなど。

みんながお地蔵さんのように動かないと、話し手もつらいものです。**反応してくれる人が一人でもいると、話しがいがあります。**

どんな表情をしているか伝わることも、とても大事です。顔色を明るく見せるリングライトなどを買うこともおすすめします。3000円くらいでも機能はしっかり果たします。

カメラの角度は、目線と並行になるようにすれば、見下ろしているように見えたり、自信なさげな表情に見せたりすることを防げます。ＰＣの高さや角度が調整できる専用台もあるといいですが、箱や雑誌の上にＰＣを置いても調整できます。

背景は、開けっぱなしの押し入れや洗濯物などが映らないように。バーチャル背景を使う場合、背景はその会の目的によって選びます。商談の場合は会社の印象を左右するので、無地など気を逸らさないものに。

オンラインでのコミュニケーションは、普段会えない遠方の方々と一堂に会してコミュニケーションをとれるチャンスでもあります。オンラインで印象の良い人がやっていることに敏感になって、ぜひ真似をしてみましょう。

POINT

表情や手ぶりなど、動きを大げさにするといい

これって無礼!?

文化の違う外国人の同僚には「日本の常識」を教える

非常識な振る舞いはそのままだとマズいから…

相手にとっての「常識」も存在する。
互いを尊重し合うのが大切

昨今、職場の同僚に海外出身者がいるという人も多いでしょう。

国が違えば文化の違いもありますから、日本で一般的とされている慣習がその国にとっては普通でないことも多いです。それが原因となり、すれ違いが起きてしまうこともあります。

異文化交流はよく「2つの氷山」に例えられます。

「氷山の一角」という言葉がありますが、これは「見えている部分は、全体のうちのほんの一部分である」ということの例えです。ここでの「2つの氷山」というのは、「お互いが氷山の一角しか見えていない中でコミュニケーションをとっている」という意味。

つまり、異文化交流では「お互いに見えている部分だけで判断し、隠れている部分を知ろうとせずにコミュニケーションをとってしまうと、誤解や大きなトラブルにつながる」ということを表しています。

このことを「カルチャー・アイスバーク（氷山）」と呼んでいます。

「見えている部分」は発言、表情、態度、服装、食事など。

「隠れている部分」は思想、文化、お国柄、労働環境、時間感覚など。
隠れている部分のことを深く考えず、いきなりこちらの「普通」や「常識」を押しつけると、相手を戸惑わせてしまうことがあります。
そのため、まずは相手を尊重する態度が大事です。**尊重とは、相手の大事にしていることや言い分や話を聞き、頭から否定しないことです。**

もし相手が、自分の常識とは違う行動をとっているのであれば、どういった理由・考えがあるのかを尋ねて、教えてもらいましょう。そのうえで、こちらの常識に従ってもらう必要があれば、日本での慣習や自分の考えを説明し、協力してもらうというスタンスが必要です。

このように、お互いの文化を尊重するようなコミュニケーションのとり方を心がければ、すれ違いを防げます。

とくに配慮しなければならないのは、宗教上の禁忌事項や食事に関わることです。
宗教や思想によって、お祈りをする時間・場所が必要だったり、口に入れることを禁止されている食べ物が細かく決められていたりすることがあります。

本人に聞かなければわからないことが多いので、勝手な思い込みや決めつけをしないようにしましょう。同じ「ベジタリアン」でも、「野菜以外は一切食べない」「玉子や乳製品は食べてもいいとしている」など、いくつか分類があります。

休暇に関する考え方が違うこともあります。出身国の記念日や家族との行事がその人にとってどれだけ大事かということについて、自分とは違う感覚を持っている場合があることを覚えておきましょう。

日本人同士であっても、育ってきた時

代・環境・知識・経験が違えば、考え方や行動の仕方は人それぞれ。国が違えばなおさらです。ただ、そのことを頭でわかっていても、つい「自分の常識が普通」と考えてしまうことは誰にでもあります。

ですから、意識的に異文化を尊重する癖をつけるように気をつけていきましょう。もし相手に対して「え？　なんで⁉」と思ったら、まずは考えを教えてもらおうと切り替えます。

異文化間のコミュニケーションは、うまくいけばお互いの視野や考え方を広げる、素晴らしい機会になります。そんなせっかくの機会にすれ違いを生まないように、ぜひ「相手を尊重する姿勢」を心がけてみてくださいね。

POINT

「相手の文化を教えてもらう」姿勢で、決して日本の文化を押しつけない

第6章

これこそ大人のさりげない気遣い！エピソード集

「声をかけてくれる」だけで嬉しい

お誘いの声をかけてもらえるってありがたいことですよね、というような話から、知人がこんな話をしてくれました。

「定期的に行われている学生時代の集まり。家庭の事情などでなかなかタイミングが合わず、毎回欠席の通知をしていました。

日にちを合わせるためのグループLINEにも入ってましたが、毎回欠席のメッセージは水を差すようで申し訳なく思い、挨拶をして、いったん抜けさせてもらったんです。

そんな後でも、幹事をやってくれる子が「今年は○月○日にやるよ。忙しいだろうから、返事は行けるときで大丈夫だから気にしないでね！」と個別にメールで連絡をくれるんです。負担をかけないようなメッセージに気遣いを感じます。

わがままなもので、行けなくてもまったく声がかからなくなるのは実は寂しいもの。気にかけてもらえてる、つながっていることに、とても心が救われます」

私が声をかける立場だったら、「しつこいと思われても嫌だし、そっとしておいた方がいいよね」と、自分がどう思われるかばかり考えてしまい、こういったメッセージを送ることを躊躇します。

でも「お知らせだけしとくね、返事は行けるときで大丈夫」とひと言添えれば重くないし、メッセージをもらった立場だったら決して嫌ではない、むしろありがたいことだよな、と感じたのでした。

嘘のない、でも相手を傷つけない返答

相手にマイナスな言葉を言わないように、と取りつくろう会話より、誠実な言葉を返すことで信頼関係は高まっていくんだろうな、と思ったことです。

カフェで一人、まったりと過ごしていたとき、お隣に座ったお二人から聞こえてきた会話（学生の友人同士らしいお二人。Dさん、Eさんとします）。

Dさん「今さー学校でいろんなことにイラついちゃうことが多いんだよねー。この前もさー〇〇でさー」
Eさん「そうなんだー。家でもイラつくの？」
Dさん「そうだねー家でもお母さんにさー……あっ、なんか愚痴ばっかでごめん。私だって誰かをイラつかせてるかもね。ねー、正直な話、これまで私に対してイラついたことって何かある？」
Eさん「うーん。そーだなー……会う頻度が多いほどいろいろとあるのは当たり前だと思う。でもまったく覚えてないわー」
Dさん「そっかー」

そんなやりとりを隣で聞かせて（盗み聞き？）もらって思ったこと。

いろいろなことに対してイライラしているDさんの質問に対し、「イラついたことはないよ」と聖人のような答えを返してしまうと、尋ねた側とはいえDさんとしても居心地悪く感じそうですよね。「本当に？」とちょっと疑いたくもなります。

Eさんの、「イライラするときもあるのが当たり前だけど、覚えてない」という言葉。目の前の人に対して嘘のない、誠実な気遣いの言葉だなと隣で思ったカフェタイムでした。

その場で誰を立てるべきか、見極めた行動

ある方から聞いたお話です。

「私の義理のお姉さんはとても料理上手なんです。お家に遊びに行ったときは、手づくりのとっても美味しい食事やデザートまで出してくれておもてなしをしてくれます。それもささっと手際も良くて、力が入って無理をしているように感じさせないのがすごいんですよ。ちゃんとお

しゃべりもしながらの余裕もある。レシピを尋ねると、私もつくれそう！と思えるもので、遊びに行くのがいつも楽しみなんです。

そんな義理のお姉さん。実家にみんなで集まるときは、いつもの美味しい手料理を持ってくるのかな？と思いきや、あえてそれは控えているのです。きっとそれは母のつくった料理を邪魔しないよう、そして誰を立てるべきか見極めた行動なんだなと感じるのです。

母は料理の献立のバランスや出す順番や量を意外としっかり計算していて、とくに人が来るときはこだわる傾向。なので、そのバランスを崩したりしないようにしているのだと思います。

その代わり、残しても大丈夫な、日持ちがするちょっと珍しい市販のお菓子などを持ってきてくれます。もし私が料理が得意なら、ここぞとばかり張り切って持っていくだろうなーと思うので、そんな振る舞いも勉強になるんですよね」

一緒に泣き、一緒に怒ってくれる

CAの訓練生時代、憧れの教官だったFさん。温かな雰囲気に厳しさも兼ね備え、人を悪く言うことも聞いたことがない、完璧なイメージの人。訓練中も感情的になって振る舞っているところは、見たことがありませんでした。

そんなFさんのますますファンになったエピソードをご紹介します。

私が訓練を無事終了し現場に配属される前、F教官と一対一の面談がありました。私は厳しい訓練を振り返り、感極まって「思いきって北海道から転職で東京に来て今、本当に良かったと思っています……」涙を流し、うつむきながら話していたら、すすり泣く声が……。

F教官が一緒に泣いてくれていたのです。驚きながらも、ますます私は涙が止まらなくなり、最後は二人で笑い出してしまいました。

その後、実際のフライトが始まったときも、人間関係でショックなことがあり、Fさんに聞いてもらいました。すると、Fさんは「え！　なにそれ！　頭にくる！　私がその人に文句言いに行く！」と怒ってくれたのです。

あのFさんがこんなに私の身になって怒ってくれている……。家族のように味方をしてくれている人がいることにホッとし、また頑張ろうと思えることにつながりました。一緒に怒ってくれたこと、きれいな言葉で諭されるより、何より力になることがある、と感じたことです。

接客は「負担のないひと言」を糸口に

10年近く通っているクリーニング店。ずっと接客をしてくれているGさんは「いらっしゃいませ！」という挨拶とともに、気遣いのひと声をかけてくれるのがホッとします。なにより、さりげない雑談が押しつけがましくないのです。

たとえば、寒い日にクリーニングするものを渡したときなど、表面が冷えているのを感じ、「外はだいぶ寒いんですねー。寒い中ありがとうございます」「この時間帯にいらっしゃるのは珍しいですね」などと気にかけてくれます。こちらも「そうですね」くらいで会話を済ませてもいいし、自分が話したいことがあれば会話のきっかけになります。

かといって、Gさんは誰かれかまわず話しているわけではないのは、はたから見ていても感じます。私は研修講師という仕事柄、Gさんに質問しちゃいました。

私「突然すみません、Gさんのお声がけが素敵だなと思ってるんですが、どんなことを大事にしてるんですか？」

Gさん「挨拶をしたときにこちらを見てくださる方は、お話が好きな方が多いです。でも、声をかけてみないとわからないことも多いですから、お客様にとって負担のないひと言を、まずお声がけするようにしています。それはうちの会社の社長から教育されたことなんですよ。最初はそんな余裕がなく、全然できなくて。少しずつです」

自然に見える振る舞いもポイントがあり、そして努力をして身につけたものだったんだなと、聞いてみてわかったのでした。

入口から出口までがおもてなし

京都で仕事の合間に時間があり、立派な庭園のそばにあるカフェに行ってみました。人気があり満席で、40分待ちとのこと。でもせっかくだから待たせてもらうことに。

その間、担当の方がロビーで待っているお客さんたちに「今、2組の方がお会計をされています」などこまめに今の状況を伝えてくれ、常に気にかけてくれている様子が伝わります。

状況が大きく変化しなくても、ちょっとしたアナウンスがあると、もうちょっと待ってみようと思え、精神的にも違うなと実感します。

席に通され、お水を出してくれた店員さんも「ご案内までお待たせいたしました。今日は〇〇の日ですので、庭園は無料で入れるんですよ。もう入られましたか?」と声をかけてくれました。

一人だったので、そういった会話に心がとても和んだうえ、入場無料とは知らなかった、ラッキー！と気持ちも盛り上がりました。

会計のときも「どちらからいらっしゃったんですか？　東京からですか。お越しくださり嬉しいです」と笑顔で会話をしてくれました。

おもてなしの心の表現にお茶代以上の価値を感じ、良い時間が過ごせたなと余韻が残るのでした。

会話の中で、相手の名前を口に出す

初対面で打ち合わせなどをするとき、私の名前を会話に入れながら話してくれる人がいます。その割合は2割ぐらい。意識してみると、意外と多くないものです。それだけに「三上さんは○○についてはどう思われますか？」など名前を呼びかけながら会話をしてくれると、「あ、私に投げかけてくれている」とより意識が集中します。そして、仲間だと思って接してくれているような気持ちになり、よりお役に立ちたい気持ちが増すような気がします。

そんな話をしていると、ある人は
「やりとりするビジネスメールの文章の中に『〇〇さんは……』など、自分の名前を入れてくれる人がいると嬉しいです。会社対会社の付き合いというだけでなく、個人としても大事に思ってくれ、頼ってくれているのが伝わるから」

と言っていました。

名前はその人自身を表すもの。心理学でも「カクテルパーティー効果」というものがあります。カクテルパーティーのようなザワザワと様々な会話が交錯する中でも大事なもの、興味があるものは聞き分けることができるというもの。人混みでも自分の名前を呼ばれると、なぜか聞き取れて振り返ったりしますよね。

初対面の人には控えめに接してしまうせいか、あまり名前を呼ぶ人がいないのはもったいないことかもしれません。誰でもできる、相手の名前を口にすること。少し意識して行ってみることをおすすめします。

職場の仲間もお客様

あるチェーン展開しているカフェ。ホスピタリティも定評があるそのカフェでは、聞こえてくるスタッフ同士の会話も心地良いのです。

仲間に何か頼むときにも「○○さん、今大丈夫ですか?」「ありがとうございます」「助かります」など声が行き交っています。堅苦しすぎず、メリハリがありプロ意識の高さも感じます。そのカフェで4年間アルバイトをしていたHさんに、実際働きやすかった?と聞いてみると。

「私はアルバイトだったけど、正社員になりたいなと思うくらい良い職場でしたよ。結局受かりませんでしたが……。楽しいだけでなく勉強になることがたくさんありました。

たとえば新人の頃は自分でその時間帯の目標を立てるんですが、それを先輩に伝えると『じゃあHさんの目標が達成できるように、私（先輩）はこれをやるようにするよ』と言ってくれるんです。一緒に成長しようというのが伝わるんですよね。だから、いろんなことを学びたい私にとってとても心地良かったです」

ホスピタリティに定評のあるお店は、すぐ隣の人への伝え方、協力体制も工夫、気遣いをしているんだなと思った話でした。

人気のお店は見えないところでもプロの姿勢

住宅街にある、おしゃれなお花屋さん。ガラス張りで、スタッフの方が素敵な笑顔でキビキビと動いているのが見え、清々しく感じます。

あるとき、朝早く開店前にお店の前を通ると、お花屋さんの方がお店の前だけでなく、向かいの道路を渡った10メートルくらい先まで掃き掃除を丁寧にしているのです。

見えないところでも細やかな心配りをしているお花屋さんに、ますますファンになって、前を通りかかるとついつい買ってしまいます。

似たようなことがあったのを思い出しました。

観光地によくある、人力車のサービス。北海道の小樽に泊まったとき、母と乗ってみました。

わかりやすい案内と気の利いた声かけに母が感激し、心づけにプラスの料金を渡そうとしたところ、

「お気持ちありがとうございます。もう十分にいただいております」

と辞退されました。

その言葉の選び方も素敵で、印象に残りました。

次の日の朝早く、ホテルの周り

を散歩していたところ、街中を人力車の方々が、ゴミを拾ったりお掃除をしたりしている姿が。まだ観光客が誰もいない時間帯。

お客様に楽しんでもらいたいという気持ちが伝わる接客は、まだお客様がいないときから始まっているんだ、と母と大いに盛り上がったのでした。

クリーニング品に添えられたメモ

ANAのCAをしていた頃、CAの所属部門内でホスピタリティ、サービス向上につながるそれぞれの体験を共有する読み物が発行されていました。その中で紹介されていた、今でも記憶に残っている話です。

「CAの制服をクリーニングしている取引先の方と、お話しする機会がありました。制服の出し方を見れば、会ったことがなくてもどんな人なのかがよくわかる、とその方はおっしゃるのです。

たとえばクリーニングクーポン（制服のポケットに入れて、誰の制服かがわかるようにしている券）の裏に、「今年もありがとうございました！　来年もよろしくお願いします」と書いている人。

ポケットのほつれを直しておくと、「直していただき恐縮です。ありがとうございました！」と書いてくれる人。いつもきれいに畳んで出してくれる人。人となりが想像できますよ、とのこと。

直接会ったことはないけれど、日頃お世話になっている身近な人へも気遣いをする。そんな些細な積み重ね、それこそが機内で現れる私たちの本当の姿だと思いませんか」

その話を読んだとき、とてもハッとしたことを覚えています。私はそんなことを書こうなんて、思いつかなかったからです。小さな積み重ねで自分がつくられ、相手に伝わることを忘れないようにしようと思ったのでした。

「来年も頼みたい」と思わせるお取り寄せ

副業で野菜づくりをしている知り合いから「今までの枝豆の概念が変わる美味しい枝豆を、ある農家さんから直送で買っている」と聞きました。ぜひ食べてみたい！と教えてもらい、注文しました。

3ヵ月前から注文し、待ちに待って届いた枝豆は見た目もぷくぷくっと可愛らしく、美味しそうで思わず「わぁ〜！」と声を上げました。

箱の中には「枝豆を美味しく召

し上がっていただく茹で方」のメモも入っています。気遣いを感じたのは、そのメモ（同じもの）を3枚入れてくれていたことです。

3袋購入し、知り合いにも枝豆をお裾分けしようと思っていました。メモをそのまま渡せるので、とても助かりました。それとは別に、手書きで購入のお礼のメッセージも添えられていました。

枝豆は想像以上に美味しく、あっという間にたいらげ、紹介してくれた人にもお礼のメールをすると、「〇〇さん（枝豆をつくっている人）は、こんなにこだわる？って目に見えないところで、ものすごく手間をかけて努力して野菜をつくっているんですよ。人柄も素敵で、何か相談すると丁寧に教えてくれる」とのこと。そんなエピソードも聞くと、ますます毎年頼もうと心に決めるのでした。

心に残る、小さな接客エピソード

〈スマートな確認の仕方〉

カフェの店員さんが、カップルにオーダーされたケーキを1つ持って行ったとき、「フォークを2つお持ちしましたが、お邪魔でしょうか」と確認していた。聞き方が素敵だなと感心した。

〈小技が光る対応〉

4人でランチ。同じものをオーダー。テーブルチェックでまとめて払ったら、お釣り200円↓50円4枚でくれてびっくり。

〈臨機応変な声がけ〉

グループで食事をした際、「お支払いはまとめてお願いいたします」とお店からのお願い事項が書いてあったが、様子を見て店員さんが「個別のお会計はできないですが、両替はいたしますのでお知らせください」と声をかけてくれた。

〈雨の日の気遣い〉

あるビジネスホテルでチェックインした際、ハンドタオルをフロントに用意してくれていた。
「雨の中、お疲れ様でした。ぜひお召し物やお鞄などにタオルをお使いください」
と笑顔で迎えてくれた。

〈返事は大事〉

ある食事処に行ったとき、お代わり自由のものだけど、2回目を頼むのは悪いかな？と恐る恐る「もう一度お代わりできますか……？」と聞くと、お店の方が即「もちろんです！　ぜひぜひ！」

と元気よく返事をしてくれた。一瞬の反応は本音が出やすいので、とても大事だなと思った。

〈最後の印象はとくに残る〉

ある旅館でチェックアウトの際、正面玄関までスタッフの方が車を動かしてくれる旅館。「この先もお気をつけて楽しい旅を」と書いたメッセージと、眠気防止の飴を車の中に置いてくれていた。

〈お店開いてるのかな？〉

ショッピングモールは11時オープンだけれど、レストラン街のお店はほとんどが11時30分オープン。それぞれのお店の入り口で、もうお店はやってるのかな？と迷う人も多く中をのぞいている。

「まだなんです」とお店の人に言われたりしているが、ある接客が素敵なお店だけは、手書きの文字で「ご来店ありがとうございます。恐れ入ります、11時30分からお店が開きます。ぜひお越しくださるのをお待ちしております」とわかりやすく入り口に掲げている。

〈持ち出しOK〉

泊まった旅館で「近くにある神社で行われる舞台を見に行くんです」と伝えると、「座布団がないと脚が痛くなるから、旅館のを持っていくといいですよ」と声をかけてくれた。

〈著者紹介〉

三上ナナエ（みかみ・ななえ）

新卒でOA機器販売会社に入社し、販売戦略の仕事に携わる。その後、ANA（全日本空輸株式会社）に客室乗務員（CA）として入社。チーフパーサー、グループリーダー、OJTインストラクター、客室部門方針策定メンバーを経験。
ANA退社後は、研修講師として活動。接客・接遇・コミュニケーション力向上研修など、官公庁や民間企業、大学など多数で採用され、受講者総数は2万人以上。年間100回以上の研修を担当している。
著書に『仕事も人間関係もうまくいく「気遣い」のキホン』『マンガでわかる！仕事も人間関係もうまくいく「気遣い」のキホン』『気遣いできる人は知っている！会話のキホン』（以上すばる舎）、『ビジネストラブル脱出フレーズ80』（学研プラス）、『仕事の成果って、「報・連・相」で決まるんです。』（大和出版）などがある。

［ホームページ］https://www.pro-manner.com/

デザイン……萩原弦一郎（256）
イラスト……おぐらなおみ
編集担当……水沼三佳子（すばる舎）

その気遣い、むしろ無礼になってます！

2021年7月27日　第1刷発行
2021年11月30日　第2刷発行

著　者——三上ナナエ

発行者——徳留慶太郎

発行所——株式会社すばる舎

Subarusya

〒170-0013　東京都豊島区東池袋3-9-7 東池袋織本ビル
TEL　03-3981-8651（代表）　03-3981-0767（営業部）
FAX　03-3981-8638
http://www.subarusya.jp/

印　刷——ベクトル印刷株式会社

ISBN978-4-7991-0987-8